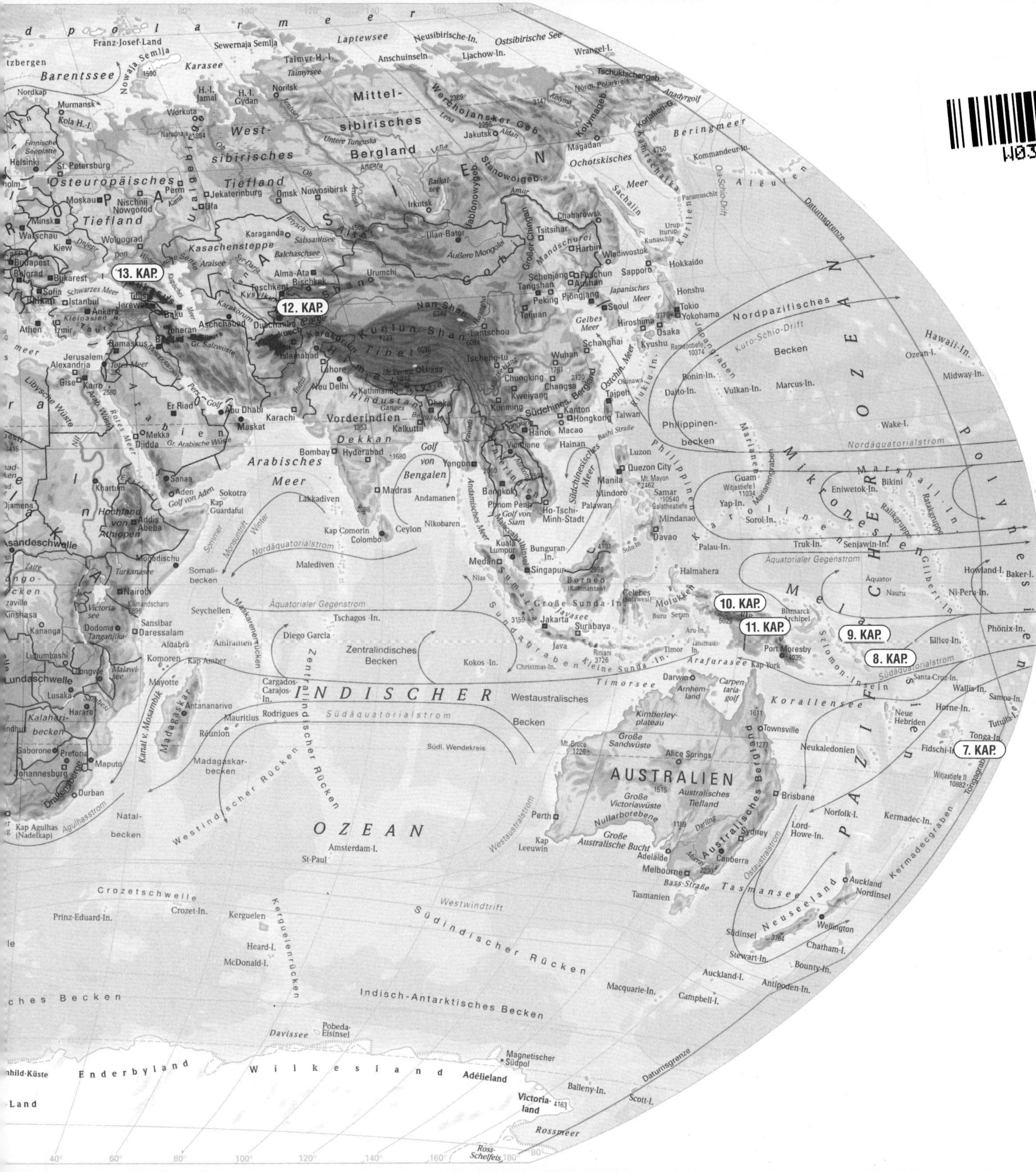
Franz-Josef-Land
Sewernaja Semlja
Laptewsee
Neusibirische-In.
Ostsibirische See
Wrangel-I.
Barentssee
Nowaja Semlja
Karasee
Taimyr-H.-I.
Anschuinseln
Ljachow-In.
Tschuktschengeb.
Nordkap
Murmansk
Kola H.-I.
Norilsk
Mittel-
sibirisches
Bergland
Werchojansker Geb.
Nördl. Polarkreis
Anadyrgolf
West-
sibirisches
Tiefland
Jakutsk
Kolymageb.
Beringmeer
Helsinki
St. Petersburg
Magadan
Ochotskisches
Meer
Kommandeur-In.
Osteuropäisches
Tiefland
Perm
Jekaterinburg
Omsk
Nowosibirsk
Baikalsee
Stanowoigeb.
Sachalin
Alëuten
Moskau
Nischnij Nowgorod
Ufa
Irkutsk
Chabarowsk
Kurilen
Datumsgrenze
Minsk
Warschau
Kiew
Wolgograd
Karaganda
Ulan-Bator
Tsitsihar
Harbin
Wladiwostok
Kasachensteppe
Balchaschsee
Äußere Mongolei
Mandschurei
Budapest
Belgrad
Bukarest
Sofia
Istanbul
Schwarzes Meer
13. KAP.
Alma-Ata
Bischkek
Urumchi
Gobi
Schenjang
Fuschun
Anshan
Sapporo
Hokkaido
Taschkent
Tiflis
Jerewan
Baku
Tangshan
Peking
Pjöngjang
Japanisches Meer
Honshu
Ankara
Kleinasien
12. KAP.
Nan Shan
Taijuan
Seoul
Tokio
Yokohama
Nordpazifisches
Athen
Izmir
Teheran
Aschchabad
Duschanbe
Kunlun Shan
Lantschou
Gelbes Meer
Hiroshima
Osaka
Kuro-Schio-Drift
Hawaii-In.
Jerusalem
Alexandria
Damaskus
Bagdad
Islamabad
Tibet
Schanghai
Kyushu
Becken
Ozean-I.
Kairo
Lahore
Neu Delhi
Mt. Everest
Lhasa
Wuhan
Tschengtu
Tschungking
Changsa
Südchines. Bergland
Taipeh
Bonin-In.
Daito-In.
Vulkan-In.
Marcus-In.
Midway-In.
Libysche Wüste
Er Riad
Abu Dhabi
Maskat
Karachi
Kathmandu
Hindustan
Ganges
Dhaka
Kunming
Kanton
Hongkong
Taiwan
Macao
Philippinen-
becken
Wake-I.
Mekka
Djidda
Vorderindien
Kalkutta
Hanoi
Hainan
Nordäquatorialstrom
Dekkan
Bombay
Hyderabad
Golf von Bengalen
Yangon
Vientiane
Luzon
Quezon City
Manila
Mindoro
Guam
Marianengraben
Arabisches Meer
Sanaa
Aden
Golf von Aden
Sokotra
Madras
Andamanen
Bangkok
Südchinesisches Meer
Samar
Yap-In.
Eniwetok-In.
Bikini
Khartum
Lakkadiven
Kap Guardafui
Phnom Penh
Golf von Siam
Ho-Tschi-Minh-Stadt
Palawan
Mindanao
Sorol-In.
Hochland von Äthiopien
Addis Abeba
Kap Comorin
Colombo
Ceylon
Nikobaren
Davao
Palau-In.
Truk-In.
Senjawin-In.
Nordäquatorialstrom
Mogadischu
Malediven
Kuala Lumpur
Medan
Bunguran-In.
Borneo
Halmahera
Äquatorialer Gegenstrom
Howland-I.
Baker-I.
Somali-
becken
Nairobi
Kilimandscharo
Singapur
Äquator
Nauru
Ni-Peru-In.
Victoria-see
Sansibar
Seychellen
Äquatorialer Gegenstrom
Große Sunda-In.
Celebes
Molukken
10. KAP.
Melanesien
Kinshasa
Dodoma
Daressalam
Tschagos-In.
Jakarta
Javasee
Surabaya
Bismarck-Archipel
11. KAP.
9. KAP.
Phönix-In.
Diego Garcia
Java
Timor
Port Moresby
Ellice-In.
Lubumbashi
Komoren
Zentralindisches
Becken
Kokos-In.
Christmas-In.
Kleine Sunda-In.
Arafurasee
Kap York
Salomon-Inseln
8. KAP.
Südäquatorialstrom
Lusaka
Mayotte
Harare
INDISCHER
Westaustralisches
Becken
Timorsee
Darwin
Arnhemland
Carpentaria-golf
Santa-Cruz-In.
Wallis-In.
Samoa-In.
Madagaskar
Antananarivo
Mauritius
Rodrigues
Réunion
Südäquatorialstrom
Kimberley-plateau
Korallensee
Townsville
Neue Hebriden
Horne-In.
Tutuila-I.
Kalahari-
becken
Gaborone
Pretoria
Maputo
Johannesburg
Madagaskar-
becken
Südl. Wendekreis
Große Sandwüste
Alice Springs
Neukaledonien
Fidschi-I.
7. KAP.
Tonga-In.
Durban
AUSTRALIEN
Große Victoriawüste
Australisches Tiefland
Brisbane
Witjastiefe II 10882
Tongagraben
Kap Agulhas (Nadelkap)
Agulhasstrom
Natal-
becken
Westindischer Rücken
Zentralindischer Rücken
OZEAN
Amsterdam-I.
St-Paul
Perth
Kap Leeuwin
Nullarborebene
Große Australische Bucht
Adelaide
Sydney
Canberra
Melbourne
Bass-Straße
Tasmanien
Norfolk-I.
Lord-Howe-In.
Kermadec-In.
Kermadecgraben
Crozetschwelle
Crozet-In.
Prinz-Eduard-In.
Kerguelen
Kerguelenrücken
Heard-I.
McDonald-I.
Westwindtrift
Südindischer Rücken
Tasmansee
Neuseeland
Auckland
Nordinsel
Wellington
Südinsel
Chatham-I.
Stewart-In.
Bounty-In.
Auckland-I.
Antipoden-In.
Macquarie-In.
Campbell-I.
Indisch-Antarktisches Becken
Davissee
Pobeda-Eisinsel
Magnetischer Südpol
Enderbyland
Wilkesland
Adélieland
Balleny-In.
Scott-I.
Victoria-land
Rossmeer
Ross-Schelfeis

Leosch Schimanek

ARM-ABER GLÜCKLICH

Auf abenteuerlichen Reisen zu den naturverbundenen Völkern unserer Erde

Badenia Verlag

Seite 1:
Dieses neunjährige Eskimomädchen lernte ich in Tuktoyaktuk an der Eismeerküste kennen. Es führte mich zu seinem Großvater, der noch nach der traditionellen Weise der Inuits von der Jagd und vom Fischfang lebt.

Seiten 2/3:
Nur selten konnte ich den Einheimischen, mit denen ich lebte, selbst etwas beibringen. Auf der Namuka-Insel in der fidschianischen Inselgruppe Lau erklärte ich meinen Gastgebern, wie man Böhmische Buchteln und Berliner Pfannkuchen bäckt – ihre Begeisterung war grenzenlos.

Seiten 4/5:
Die hübschesten Kinder der Südsee traf ich auf der salomonischen Marovo-Lagune. Manche dieser reinrassigen Melanesier hatten blondes, lockiges Haar.

Seiten 6/7:
Auf meiner langen Wanderung durch die Jayawijaya-Berge in West-Neuguinea begleiteten mich immer wieder Kinder von Dorf zu Dorf, die noch nie zuvor einen weißen Mann gesehen hatten. Ihre anfängliche Scheu wich schnell einer vertrauensvollen Zuneigung.

Seite 8:
Polynesier leben auch auf der Inselgruppe Lau in Ostfidschi, obwohl sie geographisch zu Melanesien gehört. So erklärt sich, daß dieses Mädchen eine viel hellere Hautfarbe und auch nicht den kurzen schwarzen Kräuselhaarschopf hat.

Vor- und Nachsatz:
Weltkarte mit Kapitelangaben.
Mit freundlicher Genehmigung der Firma STIEFEL GmbH, Ingolstadt.

Fotos: Alle Aufnahmen sind von Leosch Schimanek. Das Titelfoto hat der Autor in den tadschikistanischen Alai-Bergen in der früheren UdSSR aufgenommen mit der LEICA-R-6-Kamera und dem Objektiv LEICA MACRO-ELMARIT-R 1:2,8/60 auf KODAK KODACHROME 64.
Alle anderen Fotos wurden mit LEICA-R-Kameras und LEICA-R-Objektiven auf KODACHROME 25 und 64 gemacht.

Herstellung:
Badenia Verlag und Druckerei GmbH, Karlsruhe

Gestaltung/Design:
Werner Münkel, Karlsruhe

Printed and Bound in the Federal Republic of Germany

ISBN 3 7617 0304 X

Die Deutsche Bibliothek – CIP-Einheitsaufnahme

Schimanek, Leosch:
Arm – aber glücklich :
auf abenteuerlichen Reisen zu den naturverbundenen Völkern unserer Erde / Leosch Schimanek. –
Karlsruhe : Badenia-Verl., 1994
(Abenteuer heute)
ISBN 3-7617-0304-X
NE: HST

Inhaltsverzeichnis

Vorwort

Etliche Jahre habe ich gebraucht, ehe das Material für diesen Bild-Text-Band beisammen war. Ich wollte mich nicht auf Amerika, die Südsee und Neuguinea beschränken, sondern auch Begegnungen mit naturverbundenen Völkern im östlichsten Europa und auf dem asiatischen Kontinent einbeziehen.

Den ersten intensiven Kontakt mit Ureinwohnern Amerikas hatte ich auf der Bootsfahrt durch die Nordwest-Territorien Kanadas. Da lernte ich nicht nur die Eskimos an der Eismeerküste, sondern auch ursprünglich gebliebene Indianerstämme kennen. In der Zeit, als die Beringstraße noch zugefroren war, hatten sie den Weg von Asien herüber gefunden und sich auf dem ganzen amerikanischen Kontinent verbreitet.

Zwei Jahre lang habe ich Amerika durchstreift und bin dabei auch auf die Tarahumara-Indianer gestoßen. In den kargen Sierra-Madre-Bergen in Mexiko lebt ein Stamm in völliger Abgeschiedenheit. Ich war der erste „Gringo“, der erste Weiße aus Nordamerika oder Europa, der sich zu ihnen verirrt hat.

Auf der Überfahrt von Panama nach Kolumbien verschlug es mich zu den Cuna-Indianern auf den winzigen San-Blas-Inseln. Vor 30 000 Jahren waren ihre Vorfahren aus dem Norden zugewandert und hatten sich dem tropischen Klima angepaßt. Auch heute haben manche Cunas wenig Kontakt zur Zivilisation.

Auf der Suche nach den Süßwasserdelphinen im Osten Ekuadors begegnete ich den Siona-Indianern. Sie leben als Jäger im Dschungel des Amazonasbeckens. Aus der Tiefebene reiste ich dann hinauf in die Anden, blieb dort wochenlang bei den Hochlandindianern und half ihnen bei der Arbeit.

Zweimal habe ich sehr ausgiebig den Südpazifik befahren, als Steuermann oder Smutje auf den Yachten von Weltumseglern und auch auf Frachtschiffen, die abgelegene Inseln anlaufen. So gelangte ich abseits der klassischen Seglerrouten in Polynesien und Melanesien oft zu Inselmenschen, die noch „ganz wie einst“ leben.

Es bedurfte einer Sondergenehmigung des Premierministers von Fidschi, daß ich mit einem Frachter zu den Lau-Inseln fahren konnte. Mich empfingen die Menschen so freundlich wie seinerzeit wohl den berühmten Captain Cook, der die Eilande dann Freundschafts-Inseln nannte.

Vor zwei Generationen noch waren die Eingeborenen auf der Marovo-Lagune in den nördlichen Salomonen gefürchtete Kopfjäger. Die Erinnerung daran haftet an ihnen, obwohl sie heute mit ihren Messern nur noch – besonders schöne – Schnitzereien aus Ebenholz anfertigen.

In Irian Jaya/West-Neuguinea wanderte ich im Landesinneren durch das langgezogene Baliem-Tal. Seine Bewohner, die Danis, haben sich vor kurzem noch erbitterte Kämpfe geliefert. Die Männer tragen immer noch ihre Penisköcher aus Kürbisspitzen.

Die Wanderung durch das Land der Yalis in den Bergen von West-Neuguinea zählt zu meinen eindrucksvollsten Unternehmungen. In manches Dorf kam ich mit ziemlicher Sicherheit als der erste Weiße überhaupt.

Der Zusammenbruch des Ostblocks öffnete mir den Weg zurück nach Böhmen, wo ich geboren bin, und auch nach Rußland. Im Geländelastwagen fuhr ich quer durch das zerfallene Riesenreich. Der Zufall führte mich in Gebiete, wo die Einheimischen wie in der Zarenzeit leben, als hätte es die siebzig Jahre des kommunistischen Regimes nicht gegeben.

Unübertrefflich in ihrer Gastfreundschaft sind die Menschen im versteckten Serawschan-Tal in den mittelasiatischen Alai-Bergen. Weit weg von den großen Städten bilden die Schafherden und die künstlich bewässerten Felder in der kargen Landschaft die Basis ihres einfachen Lebens.

Bei meinen Begegnungen mit den unterschiedlichsten, naturverbundenen Völkern in allen Erdteilen fand ich immer wieder die eine Regel bestätigt: Je weiter von der Zivilisation entfernt, desto aufgeschlossener, zugänglicher, gastfreundlicher sind die Menschen, wenn man sich ihnen respektvoll und einfühlsam nähert. Diese Naturmenschen drängen nicht nach materiellen Gütern, denen der Zivilisationsmensch nachjagt, als bedeuteten sie allein das Glück. Dafür fehlt ihm dann die Zeit und auch der Sinn für das, was die Naturvölker für ihr Glücklichsein brauchen: das Gespräch von Mensch zu Mensch, die Pflege der überlieferten Sitten und Gebräuche – und ihre urwüchsige Freude daran.

Ziemlich baufällig war die „Brücke“, die ich auf dem Weg zu den Torres del Paine in Patagonien überqueren mußte. Die gigantischen Granittürme, die ich dann zu Gesicht bekam, sind eine unwiderstehliche Herausforderung für jeden Extremkletterer.

Im Land ohne Straßen

Bei den Hare-Indianern am Mackenzie River nahe dem Polarkreis in Nordwest-Kanada

Seite 15:
Bei unserem Segel-Trip auf dem Mackenzie-Fluß beobachtete ich Rosi, eine sechzig Jahre alte Hare-Indianerin, wie sie Fische filetiert. An manchen Tagen waren es mehr als hundert Weißfische, die sie zum Trocknen und Räuchern vorbereitete. Diese Fische werden hauptsächlich als Hundefutter im Winter verwendet.

Seiten 16/17:
Nahe dem Fischcamp an der Mündung des Ramparts River haben meine Freunde und ich mit den Indianern, die dort den Sommer verbringen, einen Elch gejagt. Auch das Elchfleisch wird, so wie die Fische, getrocknet und geräuchert und auf Jahre hinaus haltbar gemacht.

„Tieda River in Sicht!“ meldet Palo, der am Steuerrad steht. In einer kleinen Einbuchtung, gleich hinter der Mündung dieses Nebenflusses in den Mackenzie River, entdecke ich zwei große Wohnzelte. Rauch steigt aus dem Kamin des einen, Kinder springen umher, Hunde zerren an den Ketten, bellen wie wild. Ein alter Mann schlendert zum Ufer.

Ein Ausleger der „Rosinante“, unserer selbstgezimmerten Schlauchboot-Yacht, kracht gegen das steinige Ufer. Cenda birgt die Segel, Palo hilft ihm dabei, und ich renne mit der Ankerleine zum nächsten Baum am Ufer. Der alte Indianer schaut dem Anlegemanöver zu, die Jungen und Mädchen rufen uns Willkommensgrüße zu.

„Dem John vom Tieda River sollen wir Grüße ausrichten, hoffentlich sind wir hier richtig.“ Ich wende mich an den grauhaarigen Mann, nachdem ich die Leine um den Baum geschlungen und verknotet habe. Im Gegensatz zu den Kindern beobachtet er uns zurückhaltend und sagt dann nur, auch auf englisch: „Ja, das bin ich.“ Und nach einer Weile: „Wer schickt euch her?“

„Josef und Jacob vom Ramparts River. Wir waren ein paar Tage bei ihnen und haben zusammen einen Elch gejagt.“

Jetzt taut der Alte auf. „Die habe ich seit dem Frühjahr nicht mehr gesehen. Kommt rein, ihr müßt mir alles genau erzählen.“

John geht voraus zu seiner Sommerbleibe, einem geräumigen Satteldachzelt, das über einen Holzrahmen gespannt ist. Zwei Frauen stehen davor, eine ziemlich alte und eine noch junge. John hat es jetzt eilig, und ich wundere mich, wie forsch er vorangeht, obwohl er auch gut sechzig Jahre auf dem Buckel hat. Er trägt eine Parka mit Vielfraßfell um die Kapuze und eine Wollhose. Über die elchledernen Mokassins hat er Galoschen gezogen, um die Schuhe vor dem Schlamm zu schützen. Am Zelteingang streift er die Galoschen ab. Als auch wir die Schuhe ausziehen wollen, meint er nur: „Wozu? Die sind doch ganz sauber.“

Wir lassen uns auf den roh gezimmerten Hockern nieder, und Rosi, die Frau des Indianers, gießt Kaffee ein. Sie muß auch sechzig sein, doch sie bewegt sich ebenso lebhaft wie ihr Mann. Rosi und Mary, die Tochter, sprechen kaum etwas. Um so neugieriger ist John: „Wohin fahrt ihr mit eurem Schiff? So etwas habe ich hier am Fluß noch nie erlebt.“

Vor einem Monat hatte ich selbst noch keine Ahnung, daß wir auf dem Mackenzie River segeln würden. Ursprünglich hatten wir uns auf den Schlauchbooten zum Eismeer treiben lassen wollen. Aber das klappte nicht recht, wenn starker Wind blies. Da haben wir die Schlauchboote zusammengekoppelt, aus Kanthölzern und Brettern ein Deck gezimmert und darauf eine Kajüte gebaut. Holzmasten bester Qualität und in jeder gewünschten Höhe gibt es hier im Wald genug. Und zu Segeln verarbeiteten wir die Planen, die wir früher über unsere Campküche gespannt hatten, wenn wir irgendwo länger zelteten.

„Von wo seid ihr aufgebrochen?“ will John wissen. „Gut 1500 Kilometer entfernt von hier, droben in den Mackenzie-Bergen, auf dem Little Nahanni River.“ In seinen Stromschnellen haben unsere Schlauchboote harte Bewährungsproben bestanden. „Damals, im Frühjahr, waren wir noch zu viert. Aber einer mußte dann zurück nach Deutschland.“

„Seid ihr Deutsche?“

„Ja und nein“, versuche ich zu erklären,

An sonnigen Tagen hing Rosi die filetierten Fische zuerst auf Holzstangen zum Antrocknen. Später bringen wir sie in das Räucherzelt, wo sie zwei Tage lang über einem kleinen Feuer aus frischem Pappelholz blieben. Anschließend wurden die geräucherten Fische zu Bündeln, die etwa zwanzig Kilo wogen, verschnürt. Ende Oktober brachten die Indianer diese Fischpakete mit dem Hundeschlitten in die Blockhütte in den Mackenzie-Bergen, wo sie im Winter als Trapper den Pelztieren nachstellen.

„wir sind in Böhmen geboren, leben aber schon lange am Rhein." John nickt, doch ich bin nicht sicher, ob er jetzt darüber im Bilde ist, wo wir zu Hause sind. Was weiß der alte Indianer überhaupt von Europa? „Wo hast du so gut Englisch gelernt? Gab es denn in deiner Jugend schon eine Schule in Fort Good Hope?"

„Das noch nicht, aber die katholische Mission ist schon sehr lange hier. Vater Petitot hat uns viel beigebracht, auch Englisch. Er war Franzose, ein sehr kluger Mann. Er hat uns viel von seiner Heimat erzählt, auch vom Rhein. Da muß es sehr schön sein. Schade, daß der Pater gestorben ist. Hast du unsere schöne Kirche gesehen? Er hat sie gebaut."

Ich nickte: „Die Bilder drinnen sind etwas ganz Besonderes. So etwas Schönes hätte ich in Fort Good Hope nicht erwartet."

„Wie steht es mit den Elchen am Tieda River?" fragt Palo dazwischen. „Nicht gut", brummt John. „Aber wir sind hier ja wegen der Fische, die ich im Winter als Hundefutter auf der Trapline brauche. Die lege ich im Westen am Oberlauf des Hume River an. Dort fangen wir Marder und jagen auch Elche."

„Geht ihr im Winter auch mit in die Berge?" frage ich die beiden Frauen, die am Herd etwas kochen.

„Ich immer", sagt Rosi. „Ich lasse John nie allein auf die Trapline." Und dann erzählt sie auch warum.

„Einmal habe ich ihm draußen das Leben gerettet. Unsere Kinder waren damals noch klein und blieben im Dorf bei meiner Schwester. Nur John und ich verbrachten den Winter in der Hütte am Hume River. Meist blieb ich drinnen, habe Tiere abgezogen, Schneeschuhe geflochten, Elchleder gegerbt und Mokassins genäht. John war mit dem Hundegespann unterwegs und hat die Fallen kontrolliert. Er hatte zwei Strecken, die kürzere ging er ohne die Hunde allein zu Fuß. Und da passierte es. Am späten Abend war John immer noch nicht zurück, ich machte mir große Sorgen, hielt es in der Hütte schließlich nicht mehr aus und schnallte die Schneeschuhe an. Es war eine helle Nacht, und ich konnte seiner Spur gut folgen. Damals hatten wir noch keine Benzinlampe.

Fast am Ende der Trapline habe ich ihn gefunden. Er stützte sich aufs Gewehr und schleppte das gebrochene Bein mühsam nach. Allein hätte er den Weg nach Hause nie geschafft. Damals habe ich mir geschworen, immer mit ihm in die Berge zu gehen, auch wenn unser Sohn Jack dabei ist."

Palo will noch mehr wissen. „Welche Pelztiere gibt es denn in den Bergen?"

„Hauptsächlich Marder. Die verkaufen wir. Ab und zu fangen wir einen Vielfraß oder Wolf. Die behalten wir für unsere Winterkleidung. Wolfparkas halten schön warm, und das Vielfraßfell eignet sich am besten zum Säumen der Kapuze. Es vereist beim Atmen nicht so schnell wie andere. Wenn wir Glück haben, fangen wir auch mal einen Luchs."

„Ist es nicht schrecklich einsam, ganz allein in den Bergen?" Rosi gibt mir recht. „Die Enkelkinder vermisse ich am meisten, aber sie müssen ja in die Schule. Jetzt haben sie noch Ferien. Im Sommer sind sie immer hier bei uns im Camp. Da können sie sich austoben, aber sie helfen auch, fangen Kaninchen mit den Schlingen und holen die Fische aus den Netzen heraus."

Mary stellt eine Schüssel mit frisch ge-

Anstatt der Parka tragen die alten Indianerfrauen lange selbstgenähte Kleider, im Winter mit einem Pelzfutter versehen. Im Spätsommer sammeln die Frauen Waldbeeren, die sie trocknen oder zu Marmelade kochen. Die Enkelkinder helfen dabei mit.

backenem Fladenbrot auf den Tisch, dazu Marmelade und fordert uns zum Zugreifen auf: „Ihr könnt das Glas gern leermachen. Gestern erst habe ich die Preiselbeeren gesammelt. Es gibt im Wald Unmengen davon."

Diese Menschen haben selbst nicht viel. Das Mehl und den Zucker müssen sie kaufen. Doch das wenige teilen sie ganz selbstverständlich mit ihren Gästen. Morgen werden wir sie zum Mittagessen zu uns an Bord einladen.

Auch John hat kräftig zugelangt, und bald sind Brotschüssel und Marmeladeglas leer. „Jetzt muß ich aber an die Arbeit, ihr könnt gern noch dableiben." Er zieht die Parka an und schlüpft in die Galoschen.

Natürlich bleiben wir nicht sitzen, sondern helfen ihm. Mit dem Kanu fahren wir zum Ende der Bucht. „Das ist die beste Stelle." John deutet auf ein Dutzend Schwimmer, unter denen das Netz im Wasser hängt. „Meist fange ich Weißfische und Inconnus, aber manchmal bleibt auch ein Hecht in den Maschen."

Am Ende des Sommers ist der Mackenzie-Fluß bei dem niedrigen Wasserstand ziemlich sauber, da es schon lange nicht mehr geregnet hat. Gut einen Meter unter der Wasseroberfläche kann ich das Netz erkennen. Wie eine riesige Gardine hängt es hinunter. Ein paar Fische haben sich darin verfangen. John paddelt zum ersten Schwimmer und zieht das Netz hoch, bis am unteren Rand das Gegengewicht auftaucht. Ein Fisch steckt in den Maschen und hat sich beim Versuch, wieder freizukommen, noch mehr darin verwickelt.

„Ein Inconnu. Ganz schön groß, nicht wahr?" freut sich John. Zehn Minuten dauert es, bis der fast ein Meter große Fisch in der Kiste auf dem Kanuboden landet. Sie wird schließlich randvoll. Wir müssen sie im Camp leeren, ehe es zum zweiten Stellnetz hinübergeht.

Schemik, unser Hund, der an der Yacht angebunden ist, jault zum Erbarmen. Aber wir können ihn nicht mitnehmen, weil er wegen der anderen Hunde nicht frei herumrennen kann. Schemik würde gut in Johns Schlittenhundegespann passen. John hat auch ein paar alaskanische Malamuten. Doch unser Schemik hat noch keinen Schnee geschnuppert, noch nie einen Schlitten gesehen. Er kam in Kalifornien zur Welt und wurde von uns hinauf ins Ursprungsland den Malamuten gebracht.

Meine Freunde begleiten John auf der Kanufahrt zum zweiten Netz, ich bleibe bei den Frauen und schaue ihnen zu, wie sie den Tagesfang verarbeiten.

„Zum Trocknen muß man die Fische ganz anders filetieren als zum Braten", klärt mich Rosi auf. Sie sitzt auf einem Holzklotz vor einem niedrigen Tisch, neben ihr ein Haufen Weißfische und Inconnus. „Am Kopf muß man anfangen, entlang dem Rückgrat schneiden bis zum Schwanz, den Fisch umdrehen und von der anderen Seite das Fleisch genauso abschneiden. An der Schwanzflosse bleibt das Skelett dann hängen." Sie sagt es, und so schnell geschieht es auch.

Jim und Tom, die beiden ältesten von Marys Söhnen, kommen aus dem Wald. Jeder hat ein Kaninchen in der Hand.

„Irgendwie klappt das mit dem Fangen nicht recht", beklagt sich Jim. „Den Spuren nach muß es hier viele geben, aber nur zwei waren drin." Er holt die restlichen Schlingen aus der Tasche und will sie wegräumen.

John, ein sechzigjähriger Hare-Indianer, besuchte uns auf unserer „Mackenzie-Yacht". Bei Kaffee und Kuchen erzählte er uns Geschichten aus seinem Leben. Ohne sein Hörgerät hätte er allerdings unsere neugierigen Fragen nicht verstanden.

Ich wickle eine Schlinge auf und sehe gleich, woran es fehlt. Sie ist aus zu dünnem Kupferdraht.
„Du darfst nicht mit dem Draht sparen und mußt ihn doppelt nehmen. Dann wird die Schlinge stabiler, und die Öffnung bleibt schön rund hängen." Ich nehme noch eine Schlinge und verflechte sie mit der anderen zu einer einzigen, die besser funktionieren wird. „So, nun werden sich die Mümmelmänner aber wundern, daß sie immer weniger werden."
„Wo hast du das gelernt?" fragt Jim beeindruckt, als er die Schlinge untersucht.
„Eure Nachbarn, die Slavey-Indianer aus Wrigley, haben mir das beigebracht. Die fangen Kaninchen dutzendweise mit solchen Schlingen."
Die Jungen scheinen nachzudenken. Dann fragt mich Tom: „Und warum fängst du keine, wenn du es so gut gelernt hast?"
„Wir jagen sie mit dem Kleinkalibergewehr."
„Oh, könntest du es uns mal ausleihen?"
Ich habe nichts dagegen, und alle fünf Kinder begleiten mich zu unserem Boot. Jim, der älteste, kriegt die Waffe und eine Schachtel Patronen. Auch Schemik darf sie begleiten und die Kaninchen für sie aufstöbern. Darauf habe ich ihn trainiert. Ich gehe zu den Frauen zurück und helfe ihnen beim Ausnehmen der Fische.
Im nahen Wald peitschen Schüsse. Die Nachwuchsjäger haben offenbar Erfolg. Bald darauf kommen sie zurück, doch nicht mit Kaninchen, wie ich erwartet hatte, sondern mit ein paar Dutzend Eichhörnchen. Rosi jammert, als sie die Bescherung sieht. Aber ich beruhige sie, daß sie keines abziehen muß, und überlege mir nebenbei, wie man Eichhörnchen am besten zubereiten kann. Wir tragen die Beute zum Boot, und die Kinder helfen mir beim Fellabziehen. Johns Hunde verschlingen die Reste samt den buschigen Schwänzen. Die Nagetiere schiebe ich gleich in die Backröhre, da sie lange brutzeln müssen. Sie werden für die Indianerfamilie und uns ausreichen. Als Beilage gibt's böhmische Knödel. So etwas haben die hier noch nie gegessen.
John kommt mit dem Fang aus dem zweiten Netz, und Rosi zeigt auch meinen beiden Freunden, wie sie die Fische zubereitet. Bald hängen fast alle an den Holzstangen. Zwei Weißfische filetiert Mary zum Abendessen, acht behält John zurück als Futter für die Hunde. Jeder bekommt täglich einen rohen Fisch.
Die Kinder haben sich im Nachbarzelt schlafen gelegt. Wir sitzen noch lange um den Tisch, und John erzählt. Am liebsten berichtet er vom Leben in den Bergen, vom langen Winter. Er liebt diese Jahreszeit, obwohl es die härteste ist. Er liebt die schneebedeckte Landschaft, die Fährten der Tiere, die ihm so viel mitteilen, als läse er in einem Buch. Noch immer geht er oft allein auf die Trapline, auch wenn er manchmal schwer an der Beute zu schleppen hat. Unterwegs bleibt ihm viel Zeit zum Nachdenken, aber auch für die Vorfreude auf die warme Hütte und seine Frau, die mit dem Essen auf ihn wartet.
John und Rosi sind genügsame Menschen. Sie wünschen sich nur, noch lange gesund und bei Kräften zu bleiben. Ohne die Winter in den Bergen, ohne die Sommer am Fluß würde ihr Leben seinen Sinn verlieren.

Von der Zivilisation fast verschont geblieben

Bei den Eskimos an der Beaufort-See-Küste am kanadischen Eismeer

Seite 25:
In seinem Camp in der Nähe von Tuktoyaktuk, direkt an der Eismeerküste, besuchte ich Ekalun, einen sechzigjährigen Eskimo, der wie seine Vorfahren von der Beluga-Wal- und der Karibujagd lebt.

Seiten 26/27:
Überaus eintönig sieht die Küste der Beaufort-See aus, ebenso die baumlose Tundra, die sich an der Eismeerküste entlang erstreckt. In den kurzen Sommermonaten werden von den Eingeborenen die Beluga-Wale gejagt und direkt vor Ekaluns Hauszelt zerlegt und verarbeitet. Die Wintermonate verbringt er bei seinem Sohn im Dorf. Gemeinsam gehen sie von dort mit dem Hundeschlitten auf die Karibujagd in die Berge.

Die Brandung tost, die Wellen brechen sich, schäumend überflutet das Wasser die glatte Sandfläche. Ich gehe einen Strand entlang, der in südlichen Breiten zum Baden verlocken würde. Hier laufen mir schon beim bloßen Gedanken daran kalte Schauer über den Rücken.

„Siehst du das Zelt da vorne? Da wohnt unser Opa." Sara, ein zwölfjähriges Eskimomädchen, und ihre drei Jahre jüngere Schwester begleiten mich. Die Kleine in ihrer Lederjacke mit den Fransen sieht ziemlich genau so aus, wie man sich ein Eskimokind vorstellt. Sara dagegen in der blauen Parka aus dem Hudson-Bay-Laden würde in Peking oder Kanton gar nicht fremd wirken. Bei beiden erkennt man, daß ihre Vorfahren aus Asien stammen, ihre schmalen, schräggestellten Augenschlitze könnten nicht „chinesischer" sein.

„Das ist unser neuer Freund aus Europa", stellt mich Sara, noch ganz außer Atem, ihrem Opa vor. „Er möchte dich kennenlernen und uns beim Holzsammeln helfen."

Ich gebe dem alten Mann die Hand. Er reicht mir gerade bis zu den Brusttaschen. Die Inuits, das heißt Menschen, wie sich die Eskimos in ihrer Sprache nennen, sind erheblich kleiner als die Nord-Indianer. Sie sehen ihnen aber, sieht man von den Schlitzaugen ab, doch recht ähnlich. Früher waren die Inuits und die Indianer ausgesprochene Todfeinde. Sie können sich auch heute noch nicht leiden. Und in Inuvik, der Hauptstadt der Region, die von der Regierung direkt an der Siedlungsgrenze zwischen den beiden Völkerschaften gebaut wurde, kommt es immer wieder zu wüsten Schlägereien zwischen ihnen. Stets ist dabei Alkohol mit im Spiel.

Ekalun, der Großvater der beiden Mädchen, trinkt nicht, und zwar aus Überzeugung und nicht etwa deshalb, weil es in Tuktoyaktuk, dem einzigen Dorf an der Eismeerküste nahe dem Mackenzie-Delta, keinen Alkohol zu kaufen gibt. Der nächste Liquor Store ist im mehr als hundert Kilometer entfernten Inuvik.

Wie alt der Eskimo wohl sein mag? Die Kinder wissen es nicht, über sechzig aber gewiß. Sein schwarzes Haar beginnt grau zu werden, die Haut ist faltig und braun gegerbt, seine Augen stehen schief.

Seine Willkommensgeste strahlt aufrichtige Freundlichkeit aus. „Meine Enkel besuchen mich ein paarmal in der Woche und helfen mir beim Feuerholzsammeln. Man braucht nicht weit zu gehen. Da vorn liegt viel davon, in diesem Sommer erst angeschwemmt."

„Ich trage dir gern ein paar große Stücke zum Zelt", biete ich mich an, „ich zersäge sie auch, wenn du willst." Nach einer knappen Stunde liegt schon ein riesiger Haufen neben dem Hackklotz, und noch eine Stunde später ist bereits ein Teil davon zersägt und gespalten. Ekalun freut sich, denn die Mädchen helfen ihm nur beim Zusammentragen des Feuerholzes. Sie haben sich inzwischen auf den Heimweg ins Dorf gemacht.

„Jetzt mußt du aber Hunger haben", unterbricht mich Ekalun beim Hacken. „Hier, iß ein Stück Muktuk. Das macht satt."

„Was ist denn das? Habe ich noch nie gegessen."

„Es ist ein Stück Fett vom Beluga. Gepökelt schmeckt es am besten, dir hoffentlich auch. Es ist meine Hauptnahrung."

Der Beluga-Wal fällt mir ein, den ich im Frühjahr im großen Meeresaquarium in

Mit Sara und ihrer kleinen Schwester half ich Ekalun beim Feuerholzsammeln. Unerschöpflich große Vorräte liegen in der Nähe seines Camps. Aus Alberta, aber auch aus dem Yukon-Territorium können die angeschwemmten Bäume stammen, die der Mackenzie-Fluß ins Eismeer führte und die Brandung dann auf den Strand warf.

Vancouver bestaunt hatte. Ein herrlicher weißer Koloß, fast sieben Meter lang. Und so etwas bringen die Leute hier um? Andererseits leben sie seit jeher von der Beluga-Jagd.

„Probier's mal mit etwas Brot und einem Schluck Kaffee", meint der Alte, als er mein skeptisches Gesicht sieht. „Komm mit rein ins Zelt!"

Das Feuer knistert in dem alten Ofen, der einmal ein Benzinfaß war, und verbreitet angenehme Wärme. Die Kaffeekanne steht darauf, daneben bräunt in einer gußeisernen Pfanne das Fladenbrot.

Die Einrichtung ist karg in dem offensichtlich schon recht alten Zelt. Bett, Tisch und vier Stühle, ein Schrank ohne Türen mit Küchenutensilien darin – alles aus ungehobelten Brettern und Kanthölzern selbst gezimmert.

„Gleich ist das Brot fertig. Ich habe es umgedreht, die zweite Seite geht schneller", sagt Ekalun, als wolle er sich dafür entschuldigen, daß das Brot noch nicht auf dem Tisch steht. Er gießt mir Kaffee ein.

„Draußen beim Holzhacken habe ich mir überlegt, ob du wohl das ganz Jahr über hier im Zelt lebst und wovon?"

Ekalun scheint geradezu auf meinen Anstoß zum Erzählen gewartet zu haben. Wann hat er schon einmal Gelegenheit dazu?

„Wenn es sehr kalt wird, gehe ich ins Dorf zu meinem Sohn. Aber in seinem Haus geht es eng zu. In zwei Zimmern wohnen er, seine Frau, die vier Kinder und die Mutter seiner Frau. Ich bin also lieber hier draußen in meinem Zelt am Meer, und einsam bin ich da auch nicht. Die Enkel kommen zu Besuch, und auch sonst ist im Winter wie im Sommer immer etwas los. Wenn wir Belugas gejagt haben, zerlegen wir sie hier. Die ganze Familie ist dann da, und alle holen sich Muktuk.

Er lächelt beim Gedanken an die Familie, an der er offenbar sehr hängt.

„Mein ältester Sohn hat ein starkes Motorboot, mit dem wir die Belugas jagen. Auch die beiden jüngeren kommen immer mit."

„Wie jagt man überhaupt einen Beluga?"

„Mit viel Geduld und Können."

Der Eskimo hält inne und denkt nach. Wahrscheinlich überlegt er, wie er mir die Kunst des Walfangs am besten erklären kann. Er schlürft noch einen Schluck Kaffee, ehe er weiterspricht.

„Also, was müssen wir alles mitnehmen: die Harpune, drei Winchester-Gewehre, viel Seil, das sehr stark sein muß, und ein leeres 200-Liter-Faß. Manchmal sind wir den ganzen Tag unterwegs, immer entlang der Küste, und suchen mit dem Fernglas die Wasserfontäne, die der Beluga ausstößt, wenn er zum Einatmen auftaucht. Wir halten uns dann in seiner Schwimmrichtung. Taucht er wieder auf, schießen wir alle drei gleichzeitig. George, mein Ältester, steuert das Boot. Wenn der Wal getroffen ist, taucht er immer öfter auf, und wir können seiner Blutspur im Wasser leicht folgen. Sind wir ihm mit dem Boot ganz nahe, übernehme ich das Steuer. George wartet, bis der Wal erneut hochkommt und rammt ihm die Harpune in den Leib. Früher habe ich das gemacht, aber der Junge hat mehr Kraft als sein alter Vater und trifft auch fast immer gut."

Ekalun hat sich in eine Erregung hineingeredet, als hätte ihn das Jagdfieber gepackt.

„Wenn die Harpune hält, müssen wir aufpassen, daß sich das Seil nicht verwickelt.

Anschaulich berichtete mir in Tuktoyaktuk auch Ekaluns Freund von der Karibujagd, ehe er mich zu seinem Pingo führte, wo er das Fleisch aufbewahrt. Dieser Naturkühlschrank besteht aus einem Hügel mit einem Eiskern, zu dem ein mit gut isolierter Tür versehener und im Innern zu einem Raum ausgeschachteter Tunnel führt. In diesem Raum herrscht auch im Sommer eine konstante Temperatur von minus sechs Grad.

Manchmal taucht der Beluga ganz schnell weg. Am Ende des Harpunenseils ist das Faß angebunden. Wir werfen es über Bord. Jetzt kann nichts mehr schiefgehen. Wir brauchen nur dem auf der Wasseroberfläche schwimmenden Faß nachzufahren. Irgendwann stirbt der Wal und kommt hoch. Wir schlingen dann eine Trosse um seine Schwanzflosse, holen das Faß und die Harpune samt der Leine wieder an Bord und schleppen den Fang hierhier zu meinem Zelt."

„Wie viele Belugas jagt ihr denn in einem Sommer?" Hinter meiner Frage steht die Besorgnis, wie lange es wohl dauern wird, bis diese riesigen Säugetiere ausgerottet sein werden.

„Manchmal erwischen wir nur einen. Mit Glück sind es aber auch mal drei."

„Gibt es nur noch so wenige?"

„Es gibt noch genug Belugas, aber sie sind schwer zu fangen."

Ekalun sagt es mit Bedauern, doch mich macht seine Antwort froh.

„Dieses Jahr haben wir zwei erlegt, den letzten vor einem Monat. Warum bist du nicht früher gekommen? Sara sagte, ihr seid zu dritt mit einem Segelschiff unterwegs."

„Segelschiff ist reichlich übertrieben, obwohl wir unser Gefährt aus Spaß die Mackenzie-Yacht nennen. Wir haben nämlich unsere Schlauchboote mit einem Aufbau versehen und einen Mast mit zwei Rahsegeln daraufgestellt.

Jetzt ankern wir in der Bucht vor der Kirche und überlegen noch, was wir nun unternehmen sollen. Schade, daß der Winter bald beginnt, am liebsten würden wir noch weiter die Küste entlangsegeln.

Es war ein langer Weg bis hierher. Fast zweieinhalbtausend Kilometer haben wir zurückgelegt, die Hälfte davon unter Segeln. Der Sommer ist so kurz hier im Norden, und die Entfernungen sind so groß. Schneller ging's nicht."

„Du kannst ja nächstes Jahr früher kommen und mit uns aufs Meer hinausfahren."

Einerseits reizt mich das Angebot. Aber ich möchte doch lieber nicht zuschauen, wie Wale getötet werden, auch wenn das bei den Eskimos alte Tradition ist. Deshalb bleibt meine Antwort sehr vage: „Ach, so weit denke ich nicht voraus. Aber was macht ihr eigentlich im Winter? Ihr hockt doch nicht untätig hinter dem Ofen!"

„Ganz bestimmt nicht, wenn die Karibus da sind", lacht der Alte. „Viele Männer aus dem Dorf gehen dann auf die Jagd. Die Herden sind groß, meist mehrere hundert Tiere. Aber wir schießen nur so viele, wie die Hunde auf dem Schlitten ziehen können. Bis zu einer Woche sind wir unterwegs."

Meine Neugier läßt mir keine Ruhe: „Gibt es bei euch eigentlich noch den Brauch, daß man alte Leute, wenn sie nicht mehr arbeiten können, in die Tundra bringt zum Sterben?"

„Ja, früher war das so. Ich habe es selbst nicht mehr erlebt. Aber neulich hörte ich, daß es den Brauch im hohen Norden noch gibt. Im letzten Winter war's – eine tragische Geschichte."

Es scheint Ekaluns Gewohnheit zu sein, sich noch einmal alles zu überlegen, bevor er zu erzählen beginnt. Er verläßt das Zelt für eine Weile, kommt wieder herein, setzt sich und blickt noch eine Zeitlang stumm auf den Boden. Dann hebt er den Kopf, schaut mich an und schildert den Fall.

„Der alte Mann wußte, daß er sehr krank

Auch Eskimo-Kinder tragen gerne Parkas, mit Vielfraßfell gesäumt, so wie dieser Junge, mit dem ich mich vor seinem Elternhaus unterhielt.

war und bald sterben würde. Er bat seinen ältesten Sohn, ihn hinauszubringen. Der lud den Vater auf den Schlitten und fuhr mit ihm in die Einöde, wo er sich für immer von ihm verabschiedete. So hatte es der Vater vor vielen Jahren auch mit dem Großvater gemacht.

Irgendwie bekam die Polizei Wind von der Sache. Sie wollten den Mann festnehmen und wegen Totschlags vor Gericht bringen. Er konnte fliehen, ist aber in der Kälte umgekommen."

Ekalun hatte offenbar das Bedürfnis, noch eine andere traurige Geschichte loszuwerden, die von den drei Jungen aus Tuktoyaktuk.

Da es in dem Dorf nur eine Grundschule gibt, müssen die Kinder danach die höhere Schule in Inuvik besuchen, wo sie im Internat untergebracht sind. Die drei Schüler hatten bis dahin nur das Leben an der Küste gekannt, eng mit der Natur verbunden, und glaubten, das Stadtleben nicht ertragen zu können. Das Heimweh überwältigte sie. Von Inuvik nach Tuktoyaktuk führt eine Stromleitung. Ihr entlang wollten die Jungen nach Hause gehen, 130 Kilometer. Unter der Freileitung gibt es keinen Weg. Immer wieder mußten sie Umwege machen, um Seen herum, mußten durch Moore waten, wo sie von Moskitos geplagt wurden. Sie bekamen Streit, und einer kehrte um. Er wurde nie mehr gesehen.

Die beiden anderen schleppten sich weiter. Der Proviant ging ihnen aus. Der Schwächere legte sich erschöpft hin und stand nicht mehr auf. Der Stärkere wollte sich allein zum Dorf durchschlagen und den zurückgelassenen Freund von seinem Vater holen lassen.

Länger als eine Woche kämpfte er sich von Mast zu Mast vorwärts. Er ernährte sich nur von Flechten und Wasser. Raben folgten ihm. Wenn er sich zum Schlafen niederlegte, versuchten sie, ihm die Augen auszuhacken. Sie wollten sich ihrer Beute sicher sein. Doch der Junge hatte noch die Kraft, die Angreifer immer wieder zu vertreiben.

Mehr tot als lebendig erreicht er nach elf Tagen das Dorf. Er überlebt. Aber sein Geist bleibt gestört – überall sieht er nur noch attackierende Raben, die er verscheuchen will…

Bei der Suchaktion nach den beiden anderen Jungen wurden sogar Flugzeuge eingesetzt. Der eine blieb spurlos verschwunden. Vom anderen wurde gefunden, was die Raben von ihm übriggelassen hatten, das Skelett.

Wir unterhalten uns bis spät in die Nacht. Als ich endlich zu unserem Boot zurück will, ist es draußen stockdunkel unter einem wolkenverhangenen Himmel. Ich habe keine Taschenlampe dabei, denn so lange hatte ich nicht bei Ekalun bleiben wollen. Also bleibt mir nichts anderes übrig, als bei ihm im Zelt zu übernachten. Er bietet mir sein Bett an. Aber das kann ich nicht annehmen. Da breitet er in einer Ecke ein Karibufell aus, und ich decke mich mit einem Wolfspelz zu.

Langsam gehe ich am anderen Morgen am Strand zum Dorf zurück. In Gedanken bin ich immer noch bei dem alten Mann in seinem Zelt. Irgendwie beneide ich Ekalun um sein einfaches, überschaubares Leben.

Wo noch nie ein „Gringo“ gewesen ist

Bei den Tarahumara-Indianern in den mexikanischen Sierra-Madre-Bergen

Seite 35:
Nach einem langen Marsch durch die Sierra-Madre-Berge kam ich zu den Tarahumara-Indianern, die vor mir noch kein Europäer besucht hat. Von Luschia, der Frau meines Gastgebers, lernte ich die Zubereitung von Pinole kennen, eines kräftigen Getränks aus feingemahlenem, geröstetem Mais. Mit Sohn Pedro ging ich auf die Jagd. Die Menschen dort leben völlig autark, weit weg von jeglicher Zivilisation.

Seiten 36/37:
Die Häuser der Tarahumaras sind aus Stein und Lehmziegeln gebaut mit flachem Lehmdach. Die steinigen Maisfelder werden mit einem Holzpflug beackert, den die Menschen mangels Zugtier selbst ziehen.

Es ist heiß, so heiß, daß es kaum noch auszuhalten ist. Gnadenlos brennt die Sonne vom blanken Himmel. Die Berge sind kahl, kein Baum, der Schatten spenden könnte, keine Spur von Menschen, als ob hier noch nie einer gewesen wäre.

Genau nach Süden solle ich gehen, wenn ich zu den Tarahumaras wolle. Aber wie weit nach Süden, das konnte mir in Satebó im Batopilas Canyon niemand sagen. Vom Morgen bis zum Abend wandere ich durch dieses trostlose Gebirge, passiere einen Bergkamm nach dem anderen. Und jedesmal wird im Tal meine Hoffnung auf Wasser enttäuscht. Die Bachläufe sind alle ausgetrocknet.

Wieder stehe ich auf einem Kamm, ein neuer Ausblick und neue Hoffnung, daß ich endlich die Menschen finde, zu denen ich unterwegs bin. Völlig abgeschieden sollen hier Indianer leben, die kaum mit der zivilisierten Welt Verbindung haben. Nichts, wieder nichts. Von einer menschlichen Ansiedlung keine Spur. Erschöpft und deprimiert setze ich mich hin. Was nun? Umkehren? Unmöglich, wie sollte ich es drei Tage ohne Wasser aushalten? Ich muß welches finden oder...

Ich reiße mich zusammen, steige hinunter ins Tal, das genau so ausgedörrt ist wie alle anderen, erklimme den nächsten Bergrücken. Die Sonne blendet, ich kneife die Augen zusammen, um auf dem gegenüberliegenden Hang etwas erkennen zu können. Da, eine Fläche, sieht aus wie von Menschenhand bearbeitet. Und daneben – das könnten sogar zwei Häuser sein. Ich spüre keine Müdigkeit mehr, renne den Berg hinunter, bis ich auch ganz sicher bin, daß das da drüben wirklich Häuser sind. Dann halte ich an, hole die Feldflasche aus dem Rucksack und lasse genießerisch die letzten Tropfen durch die trockene Kehle rinnen. Die Zunge klebt nicht mehr am Gaumen – ein herrliches Gefühl.

Schon kann ich erkennen, daß die beiden Häuser aus Stein und Lehmziegeln gebaut sind und das flache Dach mit einer Lehmschicht bedeckt ist. Kein Rauch steigt auf, nichts rührt sich. Halten die Bewohner drinnen Siesta? Es wäre kein Wunder bei dieser mörderischen Hitze. Aber müßte sich nicht wenigstens ein Haustier zeigen? Endlich stehe ich auf der Terrasse, und noch immer bewegt sich nichts um mich herum. Ich rufe – keine Antwort. Und doch höre ich ein Geräusch. Ein Hund löst sich aus dem Schatten des hinteren Hauses. Er kriecht mir entgegen, hält sich kaum auf den Beinen – ein mit Fell bespanntes Skelett.

Mein Gott, was ist hier geschehen? Wo sind die Menschen? Umgekommen? Wo sind dann die Leichen? Fragen über Fragen wirbeln mir durch den Kopf, als ich die beiden indianischen Behausungen inspiziere. Eines ist fast leer, nur auf dem Boden sind ein paar Strohmatten ausgebreitet. Das war sicher der Schlafraum. Im anderen Haus entdecke ich mehr: Tonkrüge voll mit Mais und Bohnen, Kleidungsstücke aus rauhem Stoff, wahrscheinlich selbstgewebt und -genäht. An der Wand hängt eine selbstgebaute Geige, die Saiten aus Darm. Zwischen beiden Häusern eine Feuerstelle, aber ohne frische Asche. Daneben ein Stein, um Maiskörner darauf zu zerdrücken. In der Nähe der Kochstelle ein großes Gefäß aus Ton, ganz leer. War da einmal Trinkwasser drin? Und wo ist der Brunnen? Das ist jetzt die wichtigste Frage.

Pedros Jagdwaffe ist eine Schleuder aus Ziegenleder, mit der er Rebhühner auf zehn Meter Entfernung sicher trifft. Seine Frisur und die seiner Geschwister ist die gleiche: Über den Kopf wird ein Tontopf gestülpt, und Haar, das darunter hervorschaut, wird mit einem scharfen Messer abgeschnitten. Die kurze Hose hat Pedro aus einem Leinenstoffdreieck gebunden. Es rutschte freilich immer wieder. Seine Sandalen sind auch aus Ziegenleder gefertigt.

Ich setze mich auf den Mahlstein und denke nach. Dabei schaue ich den Hund an, der ohne Scheu ganz nahe gekommen ist. Ich gebe ihm etwas von meinem Proviant ab, obwohl ich selbst fast nichts mehr habe. Er schlingt es hinunter und blickt mich erwartungsvoll an.

Vorsichtshalber lege ich den Rucksack auf das Dach des Wohnhauses, damit ihn der Hund nicht erreichen kann. Dann gehe ich einen Trampelpfad hinab in ein Seitental. Irgendwo muß es doch eine Wasserstelle geben, sonst hätten Menschen hier doch keine Häuser gebaut.

Der Hund torkelt hinter mir her. Plötzlich überholt er mich und rennt so schnell talwärts, wie ich es ihm in seinem jämmerlichen Zustand nicht mehr zugetraut hätte. Ich haste hinter ihm her – bis zu der Stelle, wo er stehenbleibt und den Kopf in eine Felsspalte steckt. Ich traue meinen Ohren nicht. Doch, er schlürft wirklich Wasser, rettendes Wasser. Er hat mich zu der verborgenen Wasserstelle geführt, die ich allein nicht gefunden hätte. Das Wasser in dem Felsloch sieht zwar nicht sehr sauber aus, aber ich schlage mir den Bauch damit voll und fülle auch alle Flaschen.

Längst hat sich die Sonne hinter den Bergen verabschiedet. Ich breite den Schlafsack auf den Matten im Nebenhaus aus und bin, kaum daß ich liege, auch schon eingeschlafen. Aber bald erwache ich an heftigen Leibschmerzen, begleitet von Durchfall, schlimmer denn je. Meine Reiseapotheke enthält fast nur Verbandszeug, leider keine Kohletabletten. Ob Holzkohle die gleiche heilsame Wirkung hat? Ich buddle in der Feuerstelle nach Kohlestückchen, zerkaue sie trocken und würge sie hinunter. Es schmeckt abscheulich, aber es hilft.

Erst am Nachmittag fühle ich mich wieder halbwegs fit. Mit meinem neuen vierbeinigen Kameraden teile ich noch eine Portion Trockenfleisch, ehe ich aufbreche. Die Flaschen sind inzwischen alle mit abgekochtem Wasser gefüllt. Der Hund folgt mir auf den Fersen. Ein Pfad, der genau nach Süden führt, ist nur schwer zu erkennen.

Es dauert noch einen Tag, ehe ich mein Ziel erreiche. In der Ferne erblicke ich an den Berghängen Felder und einige Häuser. Rauchsäulen steigen daraus auf.

Meine Schritte werden schneller. Noch ehe ich die Häuser erreiche, hole ich eine Frau mit einem kleinen Mädchen ein. Beide tragen Tonkrüge, sie kommen von einem Brunnen. Ich frage auf spanisch, ob ich etwas Wasser haben könne. Sie verstehen mich nicht. Da versuche ich es in der Uto-Sprache, wie sie die Tarahumara sprechen. Von den Leuten in Satebó habe ich ein paar Brocken gelernt, gerade so viel, daß ich um etwas Wasser bitten kann. Und jetzt werde ich auch verstanden. Die Frau reicht mir den Krug. Ich genieße das klare, kühle Wasser nach der warmen, braunen Brühe, mit der ich in den vergangenen zwei Tagen den Durst löschen mußte. Der Krug ist groß und schwer, und ich trage ihn samt dem kleineren des Mädchens hinauf zum ersten der fünf Häuser, aus denen das Dorf besteht.

Oben angekommen, führt die Frau mich in die Küche, wo ich meinen Rucksack ablegen soll. Ich hole alles an Eßbarem heraus, was ich noch besitze, und gebe es Luschia. So heißt die Frau. Sie verstaut die Lebensmittel in einem Tongefäß. Dann schenke ich ihr eine Seife, die ich noch nicht benützt habe. Sie packt sie aus, riecht

Nicht leicht war es, sich mit Luschia und ihren Kindern zu unterhalten, da sie kein Wort Spanisch kannten und ich nur ein paar Brocken der Uto-Sprache, die sie sprechen, vorher gelernt hatte. Dennoch wurde die Verständigung von Woche zu Woche besser.

daran und strahlt übers ganze Gesicht. So ein wohlriechendes Stück Seife hat sie noch nie besessen. Es verschwindet im Nebenhaus, zwischen den Kleidern. Ob es je seinem eigentlichen Zweck zugeführt wird, wage ich zu bezweifeln.

Luschia und ihre Tochter Suschita haben Kleider aus grobem Leinen an. Rock und Kopftuch sind weiß, die Bluse mit Naturfarbstoff rot gefärbt. Die Mutter trägt das schwarze Haar lang, das ebenso schwarze der Tochter ist rund um den Kopf gleichmäßig kurz geschnitten. Wie man das hinkriegt, erfahre ich später: Ein Tontopf wird über den Kopf gestülpt und alles, was darunter hervorschaut, mit scharfem Messer abgeschnitten. Die Jungen und die Männer im Dorf haben alle die gleiche Frisur.

Luschia bedeutet mir, daß sie jetzt ihren Mann holen wolle. Ich möge mitkommen. Wir gehen zu den Nachbarhäusern. Dort treffen wir sie alle an: Luschias Mann Carlos, den ältesten Sohn Pedro und noch zwei ganz kleine Mädchen.

Carlos trägt ein Hemd ohne Knöpfe aus dem gleichen Leinenstoff wie das Kleid seiner Frau. Darunter hat er keine Hose, sondern ein zu Shorts gebundenes Stoffdreieck. Es erinnert mich an Babywindeln von Anno dazumal. Seine Füße stecken in selbstgemachten Sandalen aus Ziegenleder. Carlos schnitzt an einem Holzlöffel. Als er mich sieht, macht er große Augen: Ein Gringo hier in den Bergen – das war noch nie da!

Seine Frau sagt ihm etwas sehr hastig, und obwohl ich kein Wort verstehe, bekomme ich doch mit, daß es um mich geht.

Carlos nickt und wendet sich an mich: „Du kannst bei uns bleiben, solange du willst." Vielleicht hat er es ein wenig anders formuliert, aber er hat es so gemeint, und ich habe es so verstanden.

„Vielen Dank, ich bin sehr froh." Es ist der erste komplette Satz, der mir in der Uto-Sprache über die Lippen kommt. Im Gespräch mit Luschia hatte ich nur einzelne Wörter, allenfalls Satzbruchstücke, herausgebracht.

Die ganze Familie eskortiert den Gast auf dem Heimweg. Später stoßen noch die Großeltern dazu, die in einem Haus in der Nähe wohnen. Sie bringen einen Sack Kakteenblätter mit, deren Stacheln abgebrochen sind. Die Blätter werden in einem Tontopf voll Wasser gekocht. Mit dem Feuerholz gehen die Bewohner der karstigen Berge sehr sparsam um. Drei Holzscheiten werden wie Radspeichen zusammengelegt, die „Nabe" wird angezündet, die Scheiten werden dann immer näher zur Mitte hingeschoben.

Gekochte Kaktusblätter habe ich nie zuvor gegessen. Sie schmecken besser, als ich mir es vorgestellt hatte. In einem anderen Topf kocht Luschia den Rest von dem getrockneten Ziegenfleisch, das ich mitgebracht habe.

Zu gern hätte ich den Kindern noch etwas geschenkt, doch die kleinen Präsente habe ich alle in Satebó schon verteilt. Ein paar bunte Luftballons krame ich noch aus dem Rucksack und ahne nicht, daß ich die ganze Familie damit beglücke. Selbst der Opa bläst einen Ballon auf und läßt ihn schnatternd durch die Luft sausen.

Luschia hat das Schlafhaus für mich geräumt und bedeutet mir, daß ich den Rucksack jetzt rüberbringen könne, denn es ist Schlafenszeit. Mühsam erkläre ich ihnen, daß ich es gewohnt sei, in meiner Hängematte zu schlafen, und daß ich sie

Noch keinen richtigen Namen hatte die jüngste Tochter von Carlos und Luschia. Sie nannten sie einfach „Kleine“. Ihren Namen erhielt sie erst später, als sie älter wurde. Ganz deutlich war bei ihr die asiatische Abstammung der Indianer zu sehen; ihre Augen konnten kaum mandelförmiger sein. Vor 30 000 Jahren waren die Ureinwohner Amerikas aus Asien über die damals noch zugefrorene Beringstraße auf den benachbarten Kontinent gekommen und verbreiteten sich dort bis hinunter nach Feuerland.

nur draußen an zwei Bäumen aufhängen kann. In meinem Freiluftbett fühle ich mich auch sicher vor den Bissen von Skorpionen, außerdem zieht es mein treuer Begleiter, der Hund von unterwegs, vor, sich offenbar zu meinem besonderen Schutz direkt unter der Hängematte zum Schlaf zusammenzurollen.

Am anderen Morgen sind nur die drei kleinen Mädchen im Haus, die anderen sind alle schon auf dem Feld, auf dem Mais gesät werden soll. Die Großeltern und Pedro sammeln Steine und tragen sie zum Rand des Feldes. Carlos und Luschia pflügen. Das heißt, der Mann drückt den hölzernen Pflug, Modell Urzeit, in die Erde – und die Frau zieht ihn. Sogleich löse ich Luschia ab und übernehme die Rolle des Pferdes. Es ist auch für mich Schwerarbeit, denn der Boden ist trocken und hart und immer noch voller Steine.

Es ist schon Mittag und wir pflügen noch immer. Die Hitze wirft mich fast um, doch ich versuche, mir nichts anmerken zu lassen. Der Zugriemen schneidet mir in die Schulter, ich wechsle ihn immer öfter von der einen zur anderen. Carlos, der noch schwerer schuftet als ich, läßt noch keine Spur von Erschöpfung erkennen. Luschias Einladung zum Mittagessen wirkt wie eine Erlösung, doch ich bin so kaputt, daß ich zunächst nur trinken möchte. So hart habe ich mir mein Essen noch nie verdient.

Am Nachmittag sagt Pedro, ob ich mit ihm auf die Jagd gehen wolle. Ich halte das Angebot zuerst für einen Scherz. Viele Tage lang war ich in den Bergen unterwegs gewesen und hatte kein Lebewesen gesehen. Drunten im Tal soll es Wachteln geben.

Als ich Pedros Waffe sehen will, holt er eine Steinschleuder, ganz aus Ziegenleder. Er nimmt einen Stein, legt ihn in den Lederlappen, packt die beiden Riemen mit der anderen Hand und dreht die Schleuder über dem Kopf, dabei ein Ziel suchend. Aber da sind nur ein paar Ziegen, der wertvollste Besitz der Familie. Pedro trifft eine aufs Hinterteil. Meckernd rennt sie davon.

Auf schmalem Pfad steigen wir zum ausgetrockneten Bach hinunter. Von den nach der Regenzeit gewiß saftig grünen Sträuchern ragen jetzt nur kahle Äste zum Himmel. In dieser Einöde gibt es, durch die Farbe ihres Gefieders perfekt getarnt, tatsächlich Rebhühner. Der Hund scheucht eines auf, das sonst unsichtbar geblieben wäre. Es flattert ein paar Meter und läßt sich auf einem Ast nieder. Pedro lädt die Schleuder, visiert das Ziel an, läßt einen der beiden Riemen los – und schon fällt der Vogel wie ein Stein auf den Boden. Mit zwei Hühnern und einem Arm voll Feuerholz kehren wir ins Dorf zurück.

Nach einer Woche Tortillas und Trockenfleisch ist das Abendessen ein Genuß: gekochte Rebhühner mit Bohnen, dazu Pinole, ein Getränk aus feingemahlenem, geröstetem Mais.

Noch lange sitze ich mit Carlos und Pedro am Feuer. Am liebsten möchte ich so lange bei diesen Menschen bleiben, ihnen bei der Arbeit helfen, bis ich ihre Sprache beherrsche und alles erfragen kann, was mich interessiert. Es ist faszinierend, wie sie in den schroffen Bergen überleben und sich von dem kargen Land ernähren. Es ist gut, daß sie nicht daran denken, zu den Mexikanern zu ziehen. Sie würden ihre Identität verlieren und in den Slums einer großen Stadt versinken.

Das Einbaumkanu als lebenswichtiges Transportmittel

Bei den Cuna-Indianern auf den panamaischen San-Blas-Inseln

Seite 45:
Nach einer neuntägigen, unfreiwilligen Robinsonade kam ich endlich wieder unter Menschen auf einer der dreihundert San-Blas-Inseln, die vor der panamaischen Karibikküste liegen. Hier wurde ich von den Cuna-Indianern freundlich aufgenommen.

Seiten 46/47:
Die meisten San-Blas-Inseln sind sehr klein und unbewohnt, von der mit dichtem Dschungel bewachsenen Küste nur wenige Kilometer entfernt. Auf einer dieser Inseln wurde ich von einem Schmugglerboot, mit dem ich unterwegs nach Kolumbien war, gegen meinen Willen ausgesetzt. Zum Glück bot die Natur dort alles, was ich zum Überleben brauchte.

Eine leichte Brise streicht über das blaue Wasser der Lagune, Palmwedel pendeln raschelnd hin und her. Die Sonne versinkt allmählich im Meer, und der sonst blendend weiße Korallensand überzieht sich mit einem rötlichen Schimmer. Ein unbewohntes Inselchen in der Karibik, ein Paradies für Träumer – doch ein Gefängnis für mich.

An diesem Strand bin ich nicht freiwillig gelandet. Ich hatte nach Kolumbien reisen wollen. Statt dessen wurde ich auf einer der dreihundert San-Blas-Inseln, die sich an der Küste Panamas entlangziehen, ausgesetzt.

Mein Versuch, den amerikanischen Kontinent von Nord nach Süd ausschließlich auf dem Landweg zu durchqueren, war kurz vor der kolumbianischen Grenze gescheitert. Die Darién-Gap-Straße, die nach meiner Karte über die Grenze von Panama nach Kolumbien führt, existiert überhaupt nicht. Zu Fuß ist der Grenzübergang dort zwar möglich, aber nicht in der Regenzeit, in die ich voll hineingeriet. Von Moskitos zerstochen, blieb ich buchstäblich im Schlamm stecken. Da blieb mir nichts anderes übrig, als umzukehren und einen anderen Weg nach Kolumbien zu suchen.

In Colón hörte ich, daß hin und wieder kleine Schiffe nach Turbo fahren. Und von dort gebe es eine Straße nach Medellín, diese große und berüchtigte kolumbianische Stadt an der Pan Americana.

Eine Woche lang klapperte ich alle in Frage kommenden Schiffe in dem verrufenen Hafen von Colón ab, wo Raubüberfälle zum Alltag gehören. Keiner der angesprochenen Kapitäne wollte mich mitnehmen, jeder hatte eine andere Ausrede. Schließlich traf ich einen, der sogar englisch sprach. Einen halben Tag lang soff er sich in einer Kneipe auf meine Kosten die Hucke voll, ehe er endlich zusagte, mich nach Kolumbien mitzunehmen. Aus „besonderen Gründen", die er nicht nennen wollte, mußte ich ihm versprechen, während der Überfahrt ständig an Deck zu bleiben und das Bootsinnere nicht zu betreten.

Einen Tag waren wir bereits unterwegs, als mich ein sehr menschliches Bedürfnis überkam. Ich versuchte, das Unvermeidliche zwar hinauszuzögern, wußte aber, daß ich es nicht noch einen ganzen Tag bis Turbo aushalten würde. Also machte ich mich auf die Suche nach einer Toilette. Sie konnte natürlich nur unter Deck sein. Ich öffnete das Luk und stieg ein paar Stufen nach unten. Auf halbem Weg packte mich ein Matrose, der mich sofort zum Kapitän schleifte. Dieser tobte fürchterlich, weil ich mein Wort nicht gehalten hätte. Meine Erklärung fand keinen Glauben, geschweige denn Gnade. Auf der nächsten Insel sei für mich Endstation.

Und so kam's dann auch.

Sieben Tage sind inzwischen vergangen und kein Ende meiner Robinsonade in Sicht. Wenigstens leide ich auf dem Inselchen keine Not. Ich habe überreichlich zu essen und zu trinken, Kokosnüsse wachsen in Hülle und Fülle, ebenso die Früchte der Schraubenpalme. Und die Lagune ist voll von Fischen, die ich mit dem selbstgemachten Speer mühelos erlegen kann. Das Wetter könnte nicht besser sein, selbst die üblichen karibischen Regengüsse bleiben aus, so daß ich ein Zelt zum Schlafen überhaupt nicht vermisse. Eigentlich also ein Leben zum Genießen und ich versuche das auch. Doch immer wieder wandert der

Ofelia, die Frau meines Gastgebers, verbrachte jede freie Stunde mit dem Sticken von Molas, wie sie die Cuna-Frauen tragen. Diese beiden genau identischen Stickereien in bunten Farben werden jeweils vorne und hinten auf die Blusen aufgenäht. Sie haben faszinierende Muster und jede Frau entwirft ihre eigenen Motive, so daß keine Stickerei der anderen gleicht.

Blick über den Horizont, ob nicht endlich ein Schiff auftaucht. Das Hemd habe ich auf einen langen Palmwedel gebunden. Es flattert im Wind als Zeichen, daß hier einer auf der Insel hockt und sie gerne wieder verlassen möchte.

Am neunten Tag sehe ich ein Schiff am Horizont. Ich beobachte seine Fahrtrichtung – und tatsächlich, es nähert sich meiner Insel. Ich packe die „Notflagge", renne damit am Strand auf und ab, winke und rufe, was das Zeug hält. Hurra, man sieht mich! Der Anker fällt, das Beiboot wird zu Wasser gelassen, und zwei Männer rudern zu mir herüber.

Ich erkläre den Männern meine mißliche Lage, und sie nehmen mich zu ihrem Schiff mit, wo ich sogleich dem Kapitän vorgeführt werde. Er will mich zur nächsten bewohnten Insel, die er anlaufen kann, mitnehmen. Meine Frage, ob ich nicht bis Turbo an Bord bleiben könne, wird entschieden verneint. Ob auch dieser Kapitän „ganz bestimmte Gründe" dafür hat?

Nach ein paar Stunden nähern wir uns einer Insel, auf der ich Häuser ausmache. Dann sehe ich auch einen Kai, zu dem immer mehr Menschen hinströmen. Wo kommen denn auf der kleinen Insel die vielen Leute her, frage ich mich verwundert.

Während die meisten der San-Blas-Inseln unbewohnt sind, leiden einige andere geradezu an Übervölkerung. So stehen auch hier mehrere mit Palmblättern bedeckte Hütten auf Pfählen im Wasser, allein deshalb, weil es kein Bauland mehr gibt.

Das Schiff legt nur kurz an, man hat es offenbar sehr eilig. Ich bleibe an der Stelle stehen, wo ich den Steg betreten habe. Das versammelte Volk schaut mich an, als käme ich direkt vom Mars. Ein Mann faßt sich schließlich ein Herz und fragt mich in schlechtem Spanisch, zu wem ich gekommen sei. Ich erkläre ihm, daß ich nach Turbo möchte. Das Schiff fahre zwar nach Turbo, aber leider ohne mich. Und nun erklärt mir der Mann, warum die Kapitäne auf dieser Route keine Passagiere mitnehmen. Nämlich aus diesen „ganz bestimmten Gründen", daß zwischen Colón und Turbo fast nur Schmugglerschiffe verkehren und als solche natürlich unerkannt bleiben wollen. Sitze ich also schon wieder fest? Ricardo, so heißt der Mann, versucht mich zu beruhigen: Wenn nicht in diesem, so im nächsten Monat werde schon ein Schiff kommen, das mich mitnimmt. Und als weiteren Trost bietet er mir eine leerstehende Hütte zum Schlafen an.

Ricardos Familie, das sind seine Frau Ofelia, Sohn Mario und die Töchter Mariel und Silvia, dazu ein Dutzend Nachbarn und eine Schar von Kindern begleiten mich zu seinem Haus. Meine Aufmerksamkeit gilt besonders den Frauen der Cunas. Ihre bunten Blusen sind wahre Kunstwerke, keine gleicht der anderen. Die Farben sind ebenso vielfältig wie die Motive, meist Fische und andere Tiere. Abertausend Stiche sind notwendig, bis so eine Mola fertig ist.

Durch ein Labyrinth von engen Gassen gelangen wir zu Ricardos Behausung. Die Wände der Hütten sind aus Zuckerrohrstengeln, die Dächer aus Palmwedeln. Das Leben spielt sich meist draußen ab, gekocht wird unter einem Überdach, die Hütten sind vor allem zum Schlafen da, wie die Hängematten drinnen verraten.

Zum Glück hatte ich auf meiner Robinson-Insel nicht die eiserne Reserve, ein paar Konserven, angreifen müssen. So habe ich

nun ein Geschenk für die Familie, das gerne entgegengenommen wird. Alles, was in Blechdosen verpackt ist, mögen die Leute hier ganz besonders.
Ricardo stellt mich dem Häuptling vor, der eine Art Inselbürgermeister ist. Er begrüßt mich sehr freundlich und läßt mich wissen, daß schon seit langer Zeit kein Fremder mehr als Besucher gekommen sei und länger hier verweilen wollte.
Auf dem Rückweg kommen wir am Landesteg vorbei, wo mein Gastgeber sein Kanu liegen hat. Damit fährt er regelmäßig zu seinem Garten und zur Wasserstelle auf dem Festland. Es sind etwa zwei Kilometer, die er hinüberpaddeln muß. Auf der Insel selbst gibt es kein Trinkwasser. Hier wird auch nichts angepflanzt. Alles muß vom Festland herübergeschafft werden. Die Leute tun das gerne, sie wollen nicht hinüberziehen, denn auf ihrer Insel lebt sich's angenehmer. Da gibt es keine Moskitos, und die stetige Brise vom Meer her macht auch die heißen Tage erträglich.
Ricardos Kanu ist ziemlich groß, gut fünf Meter lang und wie alle anderen bunt bemalt. Stolz zeigt er mir sein Werk und fügt gleich hinzu, daß er sehr gerne ein noch größeres Boot bauen möchte, in dem seine ganze Familie und alles, was sie von drüben aus dem Garten heimbringen, Platz haben. Sein neues Kanu ist sogar schon im Rohzustand zu sehen. Ricardo deutet hinüber auf einen riesigen Baum, der auf dem Festland den Wald überragt. An diesen Koloß habe sich noch keiner herangewagt. Fast zwei Meter Durchmesser habe der Stamm und an die dreißig Meter hoch sei er. Man könne ihm nur mit Äxten zu Leibe rücken, denn eine so große Säge gebe es auf der ganzen Insel nicht.

Den ganzen Abend spricht Ricardo von nichts anderem mehr als von seinem Baum, und ob er es wagen solle, den Kampf gegen ihn aufzunehmen. Ich ermutige ihn, so gut ich nur kann. Als wir uns schlafen legen, hat sich Ricardo entschieden: Er wird gefällt.
Mit den Hühnern sind wir auf den Beinen, laden das Werkzeug ins Boot und paddeln zum Festland. Wir müssen die Macheten benützen, um im dichten Gestrüpp des Urwalds vorwärts zu kommen, wo uns ganze Schwärme von Moskitos gierig erwarten. Es dauert lange, bis wir uns buchstäblich durchgeschlagen haben zu dem Baum, dessen gigantische Ausmaße mir erst jetzt voll bewußt werden. Ich will Ricardo nicht entmutigen und versuche, meine eigene Unsicherheit vor ihm zu verbergen. Woher soll ich wissen, wie man es anstellt, daß ein Baum dieses Kalibers mit einer so ausladenden Krone in die richtige Richtung fällt, nämlich zum Meer hin?
Ricardo weiß wenigstens, was zuerst gemacht werden muß. Und so schlagen wir zunächst eine Lichtung, in die unser Baum fallen soll. Damit sind wir bis zum Abend beschäftigt. Der Mond leuchtet uns auf dem Heimweg übers Wasser. Ofelia und mehrere Nachbarn erwarten uns ungeduldig. Ricardo erklärt ihnen selbstsicher, daß unser Vorhaben gelingen wird.
Nach dem Abendessen – es gibt Schildkrötensteaks mit gebratenen Platános – holt Ricardo zur Feier des Tages und als Vorschuß auf den Sieg über den Riesen einen Kürbisbehälter, in dem vergorene Chicha gerade die richtige Reife erreicht hat. Wir trinken aus halbierten Kokosnußschalen – und ich spüre bald die Wirkung. Das Maisbier hat einen hohen Alkoholgehalt. Später

Mit Ricardo baute ich das größte Einbaumkanu der Insel. Einen Riesenbaum hatten wir auf dem Festland gefällt, den unteren Teil des Stammes zur Insel gebracht und ihn dort wochenlang ausgehöhlt. Mehrere Tonnen Zuladung trug dann dieses Boot.

Mariel, Silvia und deren Freundinnen spazierten in ihren schönsten Blusen gerne mit mir abends durchs Dorf. Einen Freund aus Europa hatten sie noch nie zuvor gehabt.

kriege ich es kaum mehr die Kehle hinunter, nachdem ich gesehen habe, wie es zubereitet wird: Ofelia sitzt mit ihren beiden Töchtern im Kreis, sie kauen den Mais vor und spucken ihn dann in das Gefäß, in dem das Getränk gärt und aus dem es jetzt ausgeschenkt wird.

Nach ein paar Tagen sieht der Baum aus, als hätten sich Biber an ihn herangemacht. Der untere Teil ähnelt immer mehr zwei überdimensionalen Bleistiften, die Spitze auf Spitze stehen.

Endlich scheint der Tag des „großen Knalls" gekommen zu sein. Diesmal fährt auch Mario mit uns hinüber. Sein Vater hat die Lehrerin um einen Tag schulfrei für ihn gebeten.

Über die von uns geschlagene Schneise im Wald sind Stämme gelegt, auf die der Riese fallen soll. Es herrscht Windstille, wie wir sie uns gewünscht haben. Zu dritt hacken wir noch den ganzen Tag, bis uns die „Bleistifte" endlich spitzig genug erscheinen. Mit einem langen Seil klettert Mario den Stamm hinauf hoch in die Krone und bindet es dort fest. Das andere Ende wirft er in die Lichtung hinunter. Ricardo hebt es auf, geht damit ans Ende der Lichtung und nimmt es auf Zug, indem er es um einen Baum legt. Jetzt ist auch Mario bei ihm und hilft ihm, das Seil so straff wie möglich zu ziehen. Die beiden wirken auf mich wie zwei Ameisen, die einen Elefanten zu bändigen versuchen. Ich schwinge weiter die Axt, daß die großen Späne nur so durch die Luft fliegen.

Plötzlich ein Knacken im Holz, das dünne Verbindungsstück zerbirst, der mächtige Stamm neigt sich, fällt rauschend und schlägt mit ohrenbetäubendem Krach genau dorthin, wo wir ihn haben wollten: in der Mitte der Schneise, exakt auf die als Unterlage quergelegten Stämme.

Bald weiß es jeder im Dorf, daß Ricardo und der Gringo den großen Baum tatsächlich besiegt haben. Viele bieten ihre Hilfe dabei an, den dicksten Teil des Stammes aus dem Wald zum Meer zu ziehen. Doch zuerst müssen wir das acht Meter lange Unterteil abhacken, dann eine Schneise bis zum Strand schlagen und unzählige kleinere Stämme darauf quer legen, auf denen das Riesenstück dann rutschen soll. Das dauert einige Tage. Dreißig Mann legen sich dann an einem Tag mit viel Regen, der das Holz glitschig macht, mächtig ins Zeug. Mit vereinten Kräften zerren sie den wohl zehn Tonnen schweren Koloß zum Wasser. Eine ganze Kanuflotte nimmt ihn in Schlepp und zieht ihn hinüber zur Insel. Dort bedarf es noch einmal der Anstrengung aller, um den Stamm auf Rollen an Land zu schaffen.

Die erste Gelegenheit, mit einem Schiff nach Turbo zu fahren, lasse ich aus. Ich muß dabeisein, wenn das größte Einbaumkanu der Insel vom Stapel läuft. Ricardo ist das nur recht, und mit Axt, Beil, Machete und Hohldechsel machen wir uns daran, den Stamm auszuhöhlen. Am Ende greifen wir zum Holzhammer und Stemmeisen. Der Einbaum hat so viel Auftrieb, daß er die ganze Familie und dazu einen Berg Gemüse und Früchte trägt.

Jetzt lebe ich schon länger als einen Monat auf der Insel. Die nächste Chance, von hier wieder fortzukommen, muß ich nützen. Ricardo kennt den Kapitän, der mich mitnehmen soll. Als ich ihm eine Flasche Rum verspreche, willigt er ein. Selten ist mir ein Abschied so schwergefallen wie der von Ricardo und seiner Familie.

Wo der Dschungel noch Dschungel ist

Bei den Siona-Indianern im ekuadorianischen Amazonasbecken

Seite 55:
In Nordost-Ekuador, weit entfernt von jeglicher Zivilisation, gelangte ich zu indianischen Jägern und Bauern, die sich Siona nennen. Ihre Dörfer sind ganz der Umgebung angepaßt, die Häuser luftig ohne Türen und Fenster auf Stelzen gebaut, so daß kein Ungeziefer hineingelangen und das Haus bei Hochwasser auch nicht überflutet werden kann.

Seiten 56/57:
Die Flüsse sind die Verkehrswege im Amazonasbecken. Auf dem Rio Aquarico war ich mit meinem eigenen Einbaumkanu unterwegs.

Wie eine undurchdringliche grüne Mauer säumt der Dschungel die Ufer des kleinen Flusses, der Rio Tarapoa heißt. Träge fließt das dunkelgrüne Wasser dahin; wo ein Sonnenstrahl darauf trifft, schimmert es silbrig. Blaue Schmetterlinge gaukeln hin und her, in der Ferne brüllt ein Affe. Der Rio Tarapoa sieht so friedlich aus und ist doch so tückisch. Unter der Wasseroberfläche treiben entwurzelte Bäume, die man bei der Fahrt nicht sieht. Rammt man einen Stamm mit dem wackeligen Einbaumkanu, so kann es leicht kentern. Nichts wäre schlimmer, als sich dabei zu verletzen und mit einer blutenden Wunde zu schwimmen. Unzählige Piranhas lauern auf Beute und können mit ihren scharfen Zähnen einen ausgewachsenen Menschen in kürzester Zeit bis aufs Skelett zerfleischen.
Das kleine Kanu, das ich steuere, ist sträflich überladen. Juan, mein neuer Freund, konnte ja nicht ahnen, daß er auf dem Weg nach Hause mehr als hundert Kilogramm Zuladung bekommt. So viel wiege ich zusammen mit meinem Rucksack. Aurora, Juans Frau, und Roberto, der Sohn, sitzen auf prall gefüllten Säcken in der Mitte des Bootes und balancieren es mit ihrem Körpergewicht aus.

In Lago Agrio, einem kleinen Ort in Oriente, wie die Ekuadorianer das östliche Tiefland nennen, hatte ich erfahren, daß es im Lago Cuyabeno, etwa hundert Kilometer östlicher, Süßwasserdelphine gibt. Sie sind ein Relikt aus Urzeiten: Als der Wasserspiegel sank und das Meer nicht mehr das Amazonasbecken überflutete, blieben Delphine in einem der nun entstandenen Binnenseen, dem Lago Cuyabeno, zurück. Um zu überleben, mußten sie sich auf Süßwasser umstellen.
Es gibt nur eine Möglichkeit, dorthin zu gelangen, nämlich mit einem kleinen Boot, das ich aber nicht besaß. Also wartete ich am Ufer des Rio Tarapoa, bis Bewohner des Dorfes Puerto Bolivar, das nicht weit vom Lago Cuyabeno entfernt liegt, mit ihrem Einbaumkanu heimfuhren. Die Leute waren in Lago Agrio auf dem Markt gewesen und wollten mich in ihr Dorf mitnehmen. Zwei Tage sollte die Kanufahrt dauern und unterwegs bei Bekannten übernachtet werden.

Von meiner Sitzbank im Heck des Kanus kann ich die drei vor mir gut beobachten. Juan könnte etwa vierzig Jahre alt sein. Wie die meisten Indianer hier ist er recht klein. Er trägt beim Paddeln kein Hemd, so daß ich die kräftigen Muskeln an seinem Oberkörper und den Armen sehen kann. Er hat nur eine lange, abgewetzte Hose an, keine Schuhe. Den Dschungelpfad von der Bootslandestelle am Fluß bis zum Markt in Lago Agrio und zurück ist er barfuß gegangen. Ich könnte das keine hundert Meter. Juans Haare sind schwarz wie Kohle und kurz geschnitten. Aurora ist etwas jünger als er, ihr Haar ebenso schwarz, aber schulterlang und hinten zusammengebunden. Das kurzärmelige Kleid hat sie selbst genäht. Roberto zählt höchstens zwölf Jahre und ist seinem Vater wie aus dem Gesicht geschnitten. Auch er hockt mit nacktem Oberkörper da. Erstaunlicherweise gibt es keine Moskitos, obwohl ich sie hier im Dschungel in Schwärmen erwartet hatte. Später höre ich, daß die Abwesenheit der Plagegeister dem dunklen Wasser des Flusses zu verdanken sei.

Mit Roberto und seinem jüngeren Bruder war ich oft auf der Kaimanjagd. Mit Bambusspeeren stellten die Jungen den bissigen Krokodilen nach. Dort hatte ich auch meine größten Erfolge als Angler. Einen Piranha nach dem anderen zog ich aus den trüben Gewässern des Flusses. Meine Angelrute war bei den Dörflern so begehrt, daß ich sie ihnen schließlich im Tausch gegen ein Einbaumkanu überließ.

Plötzlich springt Roberto auf, das Boot kippt beinahe um, und stößt seinen Speer ins Wasser. Die Spitze bohrt sich in einen gut einen Meter langen Kaiman. Roberto läßt den Speer nicht los. Juan reagiert ebenso schnell. Blitzschnell legt er das Paddel weg, ergreift das Gewehr und feuert einen Schuß nach. Der Kaiman zuckt noch ein paarmal, ehe er tot ist. Ich werde aufgefordert, schnell ans Ufer zu steuern. Roberto packt die Beute am Schwanz und zieht sie aus dem Wasser. Die Piranhas kommen zu spät.

An Ort und Stelle wird der Kaiman ausgenommen und verschwindet in einem Jutesack. Lag das Kanu bisher schon tief im Wasser, so schwappt jetzt auch die kleinste Welle herein. Aurora schöpft und schöpft mit einem Kürbisbehälter, damit wir nicht untergehen.

Am Abend erreichen wir die Stelle, wo Juans Bekannte mit ihren Booten anlegen. Wie sie ziehen auch wir das Kanu so weit wie möglich aufs Ufer und steigen den Pfad hinauf zu ihrem Haus. Auf dem Hügel ist es vor Überschwemmungen sicher. Es steht auf Stelzen aus Rundholz und Bambusstangen, das Dach ist mit Palmblättern bedeckt. Über eine Leiter steigt man hinein. Sie wird abends weggenommen, damit kein Ungeziefer, aber auch keine Haustiere hereinkommen können. Die Hühner schlafen auf Bäumen, die Schweine unter dem Haus.

Als Mutter und älteste Tochter bemerken, daß Juan einen Gast mitgebracht hat, verschwinden sie im Haus. Bald kommen sie wieder heraus, angetan mit ihren schönsten Kleidern samt Schuhen. Zur Begrüßung überreiche ich ihnen ein paar Konserven und eine Tüte Bonbons für die Kinder. Wie sie sich freuen! Schnell werden vom Feld Platános und Maniok geholt, ein Huhn verliert den Kopf und brutzelt bald im Topf. In Kürbisschalen wird uns unvergorene Chicha gereicht, die aber nicht wie üblich aus Mais, sondern aus gekochten und zerdrückten Yukkaknollen hergestellt wurde. Sieben Kinder, die meisten noch klein, zähle ich. Dazu kommen ein gezähmtes Äffchen, das tolle Sprünge vorführt, ein Ara-Papagei mit gestutzten Flügeln, der über den Hof hüpft, und einige grüne Amazonaspapageien in einem Käfig. Die Kinder sprechen kaum spanisch, und auch die Erwachsenen unterhalten sich untereinander in der Eingeborenensprache Quechua. Sie können weder schreiben noch lesen. Woher auch? Weit und breit gibt es keine Schule. Nach dem Abendessen schenkt der Vater vergorene Chicha aus. Sie ist so stark, daß ich danach Mühe habe, meine Hängematte aufzuhängen und hineinzuklettern.

Die Nacht erscheint mir viel zu kurz. Das Krähen der Hähne reißt mich aus tiefstem Schlaf. Auch Juan schimpft auf die Krachmacher und steht mit schweren Gliedern auf. Wir legen früh ab und sind noch den ganzen Tag unterwegs, ehe hinter einer Flußbiegung ein paar Häuser auftauchen – Puerto Bolivar.

Nur drei Familien leben hier, trotzdem wimmelt es an der Anlegestelle von Menschen. Kein Ehepaar hat weniger als fünf Kinder, und die erwachsenen Söhne und Töchter haben auch schon wieder Nachwuchs. Alle sind auf den Beinen, um den Fremden zu sehen, den Juan mitgebracht hat. Begleitet von seinen kleineren Geschwistern, schleppt Roberto meinen Rucksack ins Haus. Ich werde allen Nach-

Mit großer Selbstverständlichkeit kümmern sich die Siona-Mädchen um ihre jüngeren Geschwister, so daß die Mutter auf dem Feld arbeiten kann. Babywindeln sind dort – natürlich – unbekannt.

barn vorgestellt und frage mich, wie ich mir die vielen spanischen Namen merken soll. Die Erwachsenen sprechen immerhin so viel spanisch, daß ich mich mit ihnen unterhalten kann, auch mit Ermelinda, Juans ältester Tochter. Sie ist verheiratet und hat ein Kind, obwohl sie selbst kaum achtzehn ist. Gikita, ihr Mann, dürfte nur wenig älter sein als sie.

Auch hier die typischen Häuser: auf Stelzen stehend und mit Palmwedeln bedeckt, die halbhohen Wände und der Fußboden aus Bambusstangen, durch die der Schmutz auf die Erde hinunterrieselt. Fenster und Türen braucht man nicht. In einer Ecke ist die Küche, eigentlich nur eine Feuerstelle: ein Unterbau aus Steinen, darauf eine Lehmplatte. Unter dem Palmendach über der Feuerstelle hängen Fische und Fleischstücke zum Räuchern. Geschlafen wird in Hängematten.

Mit Gikita freunde ich mich rasch an. Als er hört, daß ich zum Lago Cuyabeno möchte und warum, bietet er mir gleich seine Begleitung an. Eigentlich hatte ich mir von Juan ein Kanu ausleihen und allein zum See hinpaddeln wollen. Aber zu zweit geht es natürlich viel schneller, außerdem kennt sich Gikita in der Gegend sehr gut aus.

Nach dem Abendessen – Kaimanfleisch schmeckt sogar auch nur gekocht und ungesalzen – binde ich die Hängematte in einem kleinen Haus ohne Wände an, das man mir zugewiesen hat. Da liegt auch der Rucksack im Trockenen, falls es doch regnen sollte.

Zwei Tage verbringe ich im Dorf, ehe wir zum Lago Cuyabeno aufbrechen. Aurora helfe ich auf dem Feld und trage die geernteten Platános und Yukkaknollen heim. Mit Roberto schlage ich Feuerholz und danach gehen wir angeln. Noch nie hat das so geklappt wie hier. Einen Piranha nach dem anderen ziehe ich aus dem dunklen Wasser, jeder mindestens einen Fuß lang. Kleine blutige Fleischstücke hängen als Köder an dem Dreierhaken des Blinkers. Ermelinda nimmt die Fische aus und schneidet sie zum Trocknen. Bei Bedarf werden sie später im Wasser gekocht. Meine Angelrute wandert durchs ganze Dorf. Alle wollen sich mit ihrer Hilfe einen Trockenfischvorrat zulegen.

Mit Roberto und seinem jüngeren Bruder fahre ich auch auf Kaimanjagd. Dabei paddle ich das Kanu den Fluß hinauf und hinunter, während die beiden Brüder im Boot stehen und mit dem Speer in der Hand nach Beute Ausschau halten. Das Kanu ist klein und mit drei Personen überladen. Eine falsche Bewegung kann es zum Kentern bringen. Dabei muß ich an die Piranhas denken, die darauf nur warten.

Von Kaimanen ist leider nichts zu entdecken. Doch plötzlich taucht ein Kopf aus dem Wasser. Es ist eine Boa, eine gewiß vier Meter lange Riesenschlange, direkt vor uns. Roberto will ihr mit kräftigem Stoß die Speerspitze in den Leib rammen. Der Versuch mißlingt kläglich. Dafür schlägt das Kanu um – und wir gehen alle drei baden. Ich habe nur einen Gedanken: So schnell wie möglich ans Ufer! Raus aus dem Wasser, in dem es vor Raubfischen wimmelt! Ich schwimme, was das Zeug hält. Merkwürdigerweise bleiben Roberto und sein Bruder ziemlich gelassen, was auch mich ein wenig beruhigt. Trotzdem warte ich am sicheren Ufer und lasse sie das Boot allein an Land ziehen. Zum Glück hatte keiner von uns dreien eine blu-

Ermelinda, der ältesten Tochter meines Gastgebers in Puerto Bolivar, schaue ich gerne beim Wäschewaschen zu. Zuerst wusch sie in einem ausgedienten Einbaum als Zuber die ganze Familienwäsche, danach die Bluse die sie anhatte und die sie naß wieder anzog. Dabei fotografierte ich sie. Aber als sie dann auch die Hose auszog und durchwusch, legte ich die Kamera beiseite. Dabei gab sich Ermelinda in ihrer Nacktheit ganz natürlich, ohne Scham und Scheu. Vor dem Kontakt mit der sogenannten zivilisierten Welt hatten die Menschen hier keine Kleider getragen, und jetzt auch nur, weil sie Gefallen daran gefunden haben.

tende Wunde, als wir im Wasser lagen. Sonst wären wir dem Raubzeug wohl nicht heil entkommen. Ganz ohne Beute kehren wir ins Dorf zurück. Doch die Jungen sind kein bißchen enttäuscht, sie hatten bei dem Bootsausflug viel Spaß – viel mehr als ich.
Abends sucht Gikita alles zusammen, was wir für unsere kleine Expedition zu den Süßwasserdelphinen brauchen. Auch Juans Gewehr gehört dazu. Es ist fast ein antikes Exemplar, großkalibrig und nur einschüssig. Trifft man damit nicht sofort genau, ist die Beute fort – oder man wird selbst zur Beute eines Angreifers. Denn bis eine neue Patrone hineingeschoben und das Gewehr wieder schießbereit ist, vergeht eine halbe Ewigkeit. Gikita will die Waffe aber unbedingt dabei haben, denn weiter nördlich gibt es keine Menschen, dafür um so mehr Jaguare. Gikita hat eine Heidenangst vor ihnen, seitdem sie einen seiner Vettern getötet haben. Ich werde Hängematte, Schlafsack und den Kochtopf mitnehmen, in dem ich das Wasser zum Trinken abkoche. Denn ich fürchte mich am meisten vor den unsichtbar kleinen Tieren, den Amöben.
Zwei Tage lang paddeln wir den Rio Cuyabeno hinauf, zeitweise gegen starke Strömung, ehe wir den Lago Cuyabeno erreichen. Allein hätte ich die Einfahrt in den See vielleicht gar nicht gefunden. Ruhig gleitet das Kanu über die spiegelglatte Wasserfläche. Wo sind die Delphine? Ich blicke in alle Richtungen – und plötzlich entdecken wir ein großes Tier im Wasser. Aber das kann doch kein Delphin sein! Gikita sagt mir, es sei eine Seekuh. Ohne Scheu nähert sich das Tier, und neben ihm tauchen noch zwei auf. Daß Seekühe auch im Süßwasser leben, habe ich nicht gewußt. Die größte von den dreien ist fast drei Meter lang. Es sind harmlose Pflanzenfresser, die mich eher an Elefanten als an Kühe erinnern.
Wir überqueren den ganzen See und stoßen noch immer nicht auf Delphine. Deshalb brechen wir die Suche ab und richten am Ufer unser Nachtlager her. Vielleicht haben wir morgen auf dem Rückweg mehr Glück. Ehe ich ihn daran hindern kann, schießt Gikita für das Abendessen einen kleinen Brüllaffen. Mir hätten Bohnen mit Rauchfleisch aus unserem Proviant auch genügt. Mein Begleiter wollte mir aber eine besondere Freude machen, und so sitze ich eben still dabei, als der nackte Affe über der Glut am Spieß brät und ich die Vorstellung von einem kleinen Kind nicht aus meinem Hirn verbannen kann…
Es dauert lange, ehe das Fleisch gar ist. Und es schmeckt vorzüglich. Doch ich kann nicht viel davon essen…
Beim ersten Licht stehen wir auf. Vor uns liegt ein langer Heimweg, den wir in einem Tag bewältigen wollen. Über den See paddelt Gikita allein. Ich sitze im Bug und halte Ausschau. Weit und breit nichts zu sehen. Aber dann, direkt neben dem Kanu springen vier Delphine hintereinander aus dem Wasser. Ich erkenne nicht den geringsten Unterschied zu ihren Brüdern im Salzwasser der Ozeane. Eine Weile begleiten sie uns, ehe sie eine andere Richtung einschlagen.
Es war nur eine kurze Begegnung, und doch bin ich in diesem Augenblick mit mir und der Welt sehr zufrieden. Die Fahrt hierher hat sich gelohnt, ich habe mit eigenen Augen ein Naturphänomen gesehen, wie es gewiß nur ganz selten anzutreffen ist: Süßwasserdelphine.

Zerlumpt und doch zufrieden

Bei den Hochlandindianern in den peruanischen Cordillera-Blanca-Bergen

Seite 65:
Als ich die Anden von Westen nach Osten überquerte, stieß ich auf das kleine Dorf Huaripampa. Hier verbrachte ich einige Wochen und lernte sehr fleißige und genügsame Menschen kennen. In fast 4000 Meter Höhe pflanzen sie Kartoffeln, halten Schweine und andere Nutztiere. Jenseits der Berge sind sie nur selten gewesen, sie leben fast autark.

Seiten 66/67:
Nevados Huascarán, der höchste Berg Perus, ragt 6768 Meter empor. In dem engen Tal ducken sich die Indiohütten, in denen Franziscos Familie lebt. Oben auf dem fast 4800 Meter hohen Portachuelo-Paß hatte der Junge mich zu sich nach Hause eingeladen.

Steil, stellenweise senkrecht, steigt die 2000 Meter hohe Wand des Chacraraju, eines gefürchteten Sechstausenders, vor den Extremkletterern auf, die es in die Cordillera Blanca zieht. Eislawinen donnern von der Flanke herunter, der Gletscher darüber leuchtet in der Sonne. Über dem felsigen Grat läßt der Wind langgezogene Schneefahnen wehen.

Auf den Chacraraju will ich nicht, nur auf den Sattel in etwa 5000 Meter Höhe. Über diesen Paß muß ich, um die Anden von Westen nach Osten zu überqueren. Von unten hatte der Weg hinauf harmlos ausgesehen. Doch muß ich immer wieder Spalten umgehen, in deren eisige Tiefe ich nicht stürzen möchte. Meine Schuhe waren zuerst naß, jetzt sind sie steinhart gefroren und die Füße fast ohne Gefühl. Ich muß mich beeilen. Mit beiden Händen fasse ich unter den schweren Rucksack, um die schmerzenden Schultern zu entlasten. Bergan, immer weiter bergan. Der Starkwind über dem Gipfel bläst auch hier unten so heftig, daß mir Jacke, Handschuhe und Mütze nicht genug Schutz und Wärme geben. Je langsamer ich vorankomme, desto mehr friere ich. Der Aufstieg artet zur Kletterei aus. Ich muß da hinauf und dann sofort ins Tal absteigen.

Endlich stehe ich oben auf der Paßhöhe. Der Blick talwärts auf der anderen Seite läßt mir den Atem stocken. Wie soll ich da hinunterkommen? Der Gletscher, über den ich abzusteigen hätte, ist viel schwieriger als jener, den ich beim Aufstieg bezwingen mußte. Wie soll ich ohne komplette Bergsteigerausrüstung, ohne Kletterpartner, heil den zerklüfteten, zerrissenen Gletscherbruch hinunterkommen? Auf der Karte, die ich in Huarás, der Hauptstadt der Region, gekauft habe, ist dieser Riesenabbruch nicht einmal eingezeichnet. Es ist zum Verzweifeln. Ich muß umkehren, muß den großen Umweg über den Portachuelo-Paß machen, über den die Einheimischen den Hauptgebirgskamm normalerweise überqueren. Für meine mißlungene Abkürzung zahle ich einen hohen Preis.

Lange darf ich nicht mehr auf dem Rucksack im eisigen Wind sitzen bleiben. Ich fühle meine Zehen nicht mehr. Mit steifen Fingern öffne ich die vereisten Schuhe und fange an, die weißen, völlig gefühllosen Zehen zu massieren. Wenn ich sie nicht verlieren will, muß ich schnell handeln, nichts wie hinunter ins Tal zu der Stelle, wo ich die letzten Bäume sah. Dort muß ich Feuer anzünden, Wasser warm machen und die Füße langsam darin auftauen. Es wird höllisch weh tun, brennen, stechen – ich kenne das alles von früher und kann nur hoffen, daß es so wieder sein wird…

Einige Stunden sind vergangen. Das Feuer knistert, die Schuhe trocknen daneben auf Zweigen, die ich in den Boden gesteckt habe. Die Füße schmerzen – Gott sei Dank. Die Durchblutung funktioniert wieder. Morgen mache ich mich wieder auf den Weg, er wird furchtbar lang sein. Der Paß, über den ein markierter Pfad führt, ist nicht viel niedriger als jener, an dem ich gescheitert bin. Er erreicht Montblanc-Höhe, sei aber nicht mit Gletschern bedeckt, wie die Einheimischen versicherten. Nur weit ist es dorthin, endlos weit.

Den ganzen Tag bin ich unterwegs. Als die Sonne schon tief steht, ragen die beiden Gipfel des Huascarán, des höchsten Berges von Peru, zum Greifen nah vor mir auf. Ich bin hundemüde, aber ganz oben auf der Paßhöhe. Jetzt brauche ich nur noch auf

Die Kleider, die der Vater irgendwann einmal auf dem Markt in Yungay gegen Kartoffeln und Eier eingetauscht hat, werden von einem Kind zum nächstjüngeren „vererbt", bis es daran nichts mehr zum Flicken gibt. Erst dann werden neue Kleidungsstücke im Tauschhandel angeschafft. Mit einem Paar Schuhe müssen jeweils zwei Kinder gleichzeitig auskommen. Wenn eines der Mädchen mit den Schuhen unterwegs ist, muß das andere zu Hause bleiben. Das stört ihre angeborene Fröhlichkeit nicht, und ich hatte stets viel Spaß mit ihnen.

dem Trampelpfad talwärts zu kurven. Ein junger Indianer mit einigen schwerbeladenen Maultieren holt mich ein. Er erzählt mir, daß er vom Markt in Yungay kommt und heim nach Huaripampa will, wo seine Familie lebt. Gemeinsam machen wir uns an den Abstieg. Franzisco, so heißt der Vierzehnjährige, lädt meinen Rucksack einem Maultier auf, das etwas weniger Last trägt als die anderen. Der Junge spricht gut spanisch und ist recht aufgeschlossen. Er trägt einen braunen Poncho aus nichtentfetteter Wolle, die kaum Nässe durchläßt und immer wärmt. Auch der Wollfilzhut ist Eigenbau, ebenso die Sandalen, in denen seine nackten Füße stecken – in fast 4800 Meter Höhe! Feste Schuhe kann er sich nicht leisten, die muß man kaufen. Aber Sandalen kann man selber machen.

Auf der Ostseite des Bergmassivs hat es geregnet. Der Pfad ist schmierig. Immer wieder rutsche ich aus, obwohl die Profilsohlen meiner Bergstiefel nicht abgelaufen sind. Es ist mir ein Rätsel, wie sich der Junge mit den glatten Ledersohlen auf den Beinen halten kann.

Franzisco ist der Älteste von sechs Geschwistern. Früher begleitete er seinen Vater zum Markt, jetzt schickt man ihn allein hin. Kartoffeln, Eier und Wolle hat er von daheim mitgenommen und gegen Zucker, Salz und Mehl getauscht. Auch Stoff für eine neue Hose hat er bekommen, seine alte ist zerschlissen und in den vergangenen Jahren sichtlich nicht mitgewachsen.

Wir schaffen es nicht bis zum Dorf, wo Franzisco zu Hause ist. Die Nacht fällt buchstäblich vom Himmel. Wir stoßen auf ein Haus, das nicht mehr bewohnt ist. Die Scheune steht offen.

Vor dem Regen geschützt koche ich dort für uns ein Stück von dem Rauchfleisch, das ich vor ein paar Tagen von einem Einheimischen gekauft habe. Auch Franzisco hat Hunger und läßt sich's schmecken. Das Feuer qualmt fürchterlich, weil das Holz zu naß ist, und wir legen uns bald schlafen. Erst am Nachmittag erreichen wir Huaripampa, wo Franziscos Familie mit ihren beiden Nachbarn lebt. Das Dorf besteht aus sieben kleinen Steinhäusern mit Grasdächern. Sie drängen sich um einen ebenen Platz. Gleich hinter den Häusern breiten sich steile, steinige Kartoffeläcker aus, davor wühlen Schweine auf einer Wiese in der Erde. Mit ihrem langhaarigen Fell sehen sie wie Wildschweine aus. Der dicke Pelz schützt sie vor der Kälte hier oben in 4000 Meter Höhe. Auch Kühe, Schafe und Hühner halten die Dörfler, die fast autark leben und außer Zucker und Salz kaum etwas vom Markt jenseits des Hauptgebirgskamms beziehen.

Die Kinder haben Franziscos Mutter von unserer Ankunft verständigt. Sie eilt uns entgegen und freut sich, daß ihr Sohn alles selbständig und richtig erledigt hat. Und Yolanda, so heißt sie, freut sich auch, daß er einen Gast mitbringt. Wann kommt schon einmal ein Gringo hierher?

Ich gehe hinter der kleinen, etwa 35 Jahre alten Frau her und bemerke erst jetzt, daß sie recht eigenartig gekleidet ist. Unter dem Rock trägt sie eine lange Hose, dazu einen selbstgestrickten Wollpullover und auf dem Kopf einen Filzhut, ähnlich dem ihres Sohnes. Die Füße stecken in ausgelatschten Halbschuhen, Socken scheint man hier nicht zu kennen.

Die Frau führt mich in eine winzige, düstere Stube und stellt frischen Schafskäse,

Mit Pedro, Franziscos jüngerem Bruder, ging ich zum Schweinehüten. In seinem Körbchen hatte er ein paar gekochte Kartoffeln, ein Stück Käse, dazu Rohwolle und Spindel. So nutzte er die Zeit und spann Wolle für einen neuen Pullover, den er notwendig brauchte. Den Filzhut, den Pedro ständig trug, hatte seine Mutter angefertigt, ebenso die Ponchos aus unentfetteter Wolle, die keinen Tropfen Regen durchließ.

Fladenbrot und einen Krug Milch auf den Tisch. Bevor ich etwas anrühre, möchte ich ihr etwas schenken. Aber was? Da fällt mir ein, daß Kaffee für sie etwas Besonderes sein müßte. Seit meinem Aufenthalt in Kolumbien habe ich ein Stoffsäckchen mit grünen Kaffeebohnen im Rucksack. Nach Bedarf röste ich sie im Topf und zerdrücke sie auf einem flachen Stein. Für die Kinder habe ich noch ein paar Kekse.

Ich frage Yolanda, wo denn ihr Mann sei. Er werde erst in einigen Tagen zurückkehren mit einem ausgeliehenen guten Zuchtbullen. Es müsse wieder einmal für frisches Blut unter den Rindern gesorgt werden.

Nach dem Essen zeigt mir die Frau einen Raum im Nebenhaus, in dem ich übernachten könne. Und ich bin froh darüber, denn draußen gießt es schon wieder. Ich könnte nur eine kleine Plane über dem Schlafsack aufspannen, denn das Zelt war zu schwer zum Mitschleppen.

Den Rucksack stelle ich auf das wackelige Holzbett mit einem Strohsack darauf und helfe dann Franzisco beim Abladen der Maultiere. Wir tragen die Säcke ins Haus und binden den Tieren die Hinterbeine zusammen, damit sie nicht weit weglaufen, aber dennoch grasen können. Danach helfen wir Pedro, Franziscos jüngerem Bruder, der die Schweine von der Weide heimwärts treibt. Zwei dicke schwarze Muttersäue sind das mit einem Haufen Ferkel, hinter denen der zwölfjährige Bub barfuß herläuft. In einem Körbchen hat er eine Spindel und einen Knäuel frisch gesponnener Wolle. Pedro braucht dringend einen neuen Pullover; aus dem alten schaut schon sein halber Bauch heraus. Wenn er beim Schweinehüten so fleißig weiterspinnt, kann die Mutter bald mit dem Stricken anfangen, und Pedro braucht nicht mehr zu frieren. Die Schweine bleiben nachts in dem von einer Steinmauer umgebenen Hof.

Am Abend breite ich meine Landkarte auf dem Stubentisch aus und überlege, wie ich am besten den Punta-Union-Paß erreichen kann, um dort die Hauptgebirgskette wieder nach Westen zu überqueren und zurück nach Huarás zu gelangen. Pedro schaut mir neugierig zu, er hat noch nie eine Landkarte gesehen. Ich erkläre ihm, wie man darin liest, zeige ihm auch, wie nahe ich schon einmal seinem Heimatdorf war, als ich oben auf dem Sattel des Chacraraju gestanden hatte, und deute auf die Seen im Tal, wo ich mein Lager hatte aufschlagen wollen. Der Bub begreift schnell und nennt mir nun die Namen der Berge, Seen und Bäche in der Umgebung. Besonders schön sei der Lago Tintacocha, mit einem Wasserfall ganz in der Nähe. Den habe ich sicher von der Chacraraju-Paßhöhe gesehen, weil er genau unter dem Gletscher liegt, über den ich nicht ins Tal absteigen konnte.

Mit dem Gespür des Naturburschen merkt Pedro, wie sehr ich es bedaure, daß ich gerade diesen See aus meiner Route streichen mußte. Und sogleich bietet er mir an, mich dorthin zu begleiten, unter einer Bedingung: Ich müsse Franzisco überreden, zwei Tage lang seine Arbeit mit zu übernehmen. Franzisco verspricht sogleich, für Pedro die Schweine zu hüten.

In aller Frühe packt Pedro Kartoffeln und ein Stück Käse in seinen Korb. Wir ziehen Wollponchos an, und auch ein Filzhut wird mir geliehen, der den Regen viel besser abhält als meine Mütze. Pedro erhält die Sandalen seines Bruders, denn barfuß in die

Yolandas kleinste Tochter bekam von mir einmal ein paar Kekse. Zunächst wagte sie nicht zu glauben, daß diese Köstlichkeit allein für sie bestimmt sei. Zögernd schaute sie mich eine Weile an. Dann begann sie vor Freude zu strahlen. Mit solchen kleinen Gaben habe ich auf meinen Reisen manches arme Kind für ein paar Augenblicke zum überglücklichsten gemacht.

Berge wäre nicht einmal für ihn das Richtige, zumal wir auch Schneefelder passieren müssen.

Erst gegen Abend erreichen wir den Gletschersee. Der Wasserfall kann sich wirklich sehen lassen. Pedro zeigt mir einen höhlenartigen Überhang, unter dem wir übernachten können. Wir sammeln trockenes Gras als weiche Matratzen. Auch Feuerholz ist reichlich vorhanden, und bald schmoren die Kartoffeln in der Glut. Meine Schuhe und Socken hängen neben Pedros Sandalen nahe am Feuer. Heiße Kartoffeln und Schafskäse – gibt es etwas Köstlicheres? Gewiß nicht in einer Höhle am Lago Tintacocha! Wir legen nochmals tüchtig Holz nach, decken uns mit den Ponchos zu und schlafen wie die Murmeltiere.

Als ich aufwache, traue ich meinen Augen kaum. Von meinem „Bett" aus kann ich ganz nah auf der anderen Bachseite eine Herde Vicuñas weiden sehen. Edle Tiere mit ihren langen Hälsen, dem braunen, samtweichen Fell. Sie sind sozusagen die Vorfahren der Alpakas. Da sie so selten vorkommen, sind sie geschützt und dürfen nicht mehr gejagt werden. Andere Feinde, außer Wilderern, haben sie nicht, Pumas gibt es kaum in dieser Region.

Schnell haben wir nach dem Frühstück – Schafskäse mit Kartoffeln! – unser Bündel geschnürt und steigen weiter hinauf bis zum Gletscherbruch des Chacraraju. Hier ist Endstation für Pedro mit seinen Sandalen. Aber auch ich suche vergeblich nach einem Weg durch das Labyrinth des Bruchs, über den ich von dem nun wieder greifbar nahen Paß hatte absteigen wollen. Ich hätte diesen Abstieg allein nie geschafft.

Auf dem Rückweg besteht Pedro darauf, daß wir in allen im Tal verstreuten Häusern einkehren. Er will den Leuten doch zeigen, daß er einen Gringo zum Freund hat. Hier und da werden wir hereingebeten und mit Käse und Milch bewirtet. Es ist spätabends, als wir ins Dorf zurückkehren. Yolanda hat sich schon Sorgen gemacht.

Am nächsten Morgen holen wir Saatkartoffeln in Körben aus dem Keller. In der Mitte werden sie durchgeschnitten und dann geht's hinaus auf den Acker. Franzisco gräbt die Löcher in die Erde, ich trage den Korb mit den Kartoffelhälften, und Yolanda buddelt sie ein. Nach ein paar Tagen ist alles erledigt – auch mein Rücken, der noch eine Woche lang vom Körbeschleppen schmerzt.

Mit einem prächtigen Leihbullen kehrt Yolandas Mann heim. Zuerst sind die eigenen Kühe an der Reihe, dann wird der Bulle an die Nachbarn weitergereicht. Und er bleibt einsatzfreudig bis zur letzten Kuh.

Als ich mich ein paar Tage später verabschiede, ist mein Rucksack gefüllt mit Kartoffeln, Käse, hartgekochten Eiern, Rauchfleisch. Und damit ich unterwegs wirklich nicht Hunger leide, schenkt mir Yolanda noch ein kleines Schwein samt Halsband und Strick, damit es wie ein Hund neben mir herlaufen kann.

Ich solle das Säulein schlachten, wenn ich alles andere aufgegessen habe, rät mir Yolanda. Aber das brächte ich nie übers Herz, und so wandere ich mit meiner Piggy über den höchsten Paß der Weißen Cordilleren. Unterwegs fällt mir ein Freund in Huarás ein, der eine Landwirtschaft betreibt. Ihm werde ich Piggy anvertrauen, er soll sie zur Zuchtsau befördern.

Und so geschah es dann auch.

Weltumsegler nicht willkommen

Bei den polynesisch-melanesischen Mischlingen auf der fidschianischen Inselgruppe Lau

Seite 75:
Kaum zu glauben, daß diese „Thamakau“, ein Auslegersegelboot, hochseetüchtig ist. Zwei Tage und Nächte lang segelten wir fast 200 Kilometer mit dem Boot auf die Hauptinsel der fidschianischen Inselgruppe Lau – ohne Kompaß und Karten. Daniem, der älteste Häuptlingssohn, navigierte auf dem Meer nur nach Sonne und den Sternen, genau wie früher seine Vorfahren, die den Pazifik besiedelt haben.

Seiten 76/77:
Am Strand der Namuka-Insel buddelte ich mit den Kindern Muscheln aus dem Sand. Dort gab es auch interessante Korallenfelsformationen zu finden, die von der Brandung unterhöhlt worden waren und wie Riesenpilze aussahen.

Es hat lange gedauert, bis ich die Genehmigung zum Betreten der südlichen Inseln der Lau-Gruppe in den Händen hielt. Und ebenso lange, bis ich ein Schiff fand, das mich dorthin mitnehmen wollte. Zuerst hatte ich angenommen, diese Inseln seien aus militärischen Sicherheitsgründen für Ausländer gesperrt. Doch des Rätsels Lösung fand ich dann während der Audienz beim Premierminister der Fidschis, der mir nach einem langen Gespräch eine Sondererlaubnis zum Besuch der südlichen Lau-Inseln ausstellte.
Früher durften die Segler auch diese kleinen Koralleninseln ganz nach Belieben anlaufen. Aber sie haben sich nach Meinung der Insel-Häuptlinge und der Missionare zunehmend schlecht benommen. Die Yachties waren sich vielleicht gar nicht bewußt, daß sie die Einheimischen verärgerten, wenn sie nackt in den Lagunen badeten und sich auf den Inseln mit Kokosnüssen und Bananen bedienten. Sie hätten sich aber denken können, daß alles, was dort wächst, auch jemandem gehört. Und wenn sie sich die Mühe gemacht hätten, nach den Besitzern zu fragen, wäre ihnen die Bitte um Bananen und Nüsse gewiß nicht abgeschlagen worden.
Die Missionare waren aufgebracht, weil sie den Eingeborenen geduldig und beharrlich eingetrichtert hatten, daß man auch beim Baden entsprechende Kleidung zu tragen habe. Und da kamen nun andere Weiße, sprangen nackt ins Wasser und erklärten den mühsam zur Badehose Bekehrten, das sei die natürlichste Sache der Welt. Als sich die Beschwerden in der Hauptstadt Suva häuften, beschloß die Regierung, die südlichen Lau-Inseln für Touristen zu sperren. Nur in Sonderfällen gibt es eine Ausnahmegenehmigung – und ich war zu meinem Glück so ein Sonderfall.
Mit dem Brief des Premierministers in der Tasche stehe ich an der Reling und erkenne die Tücken bei der Ansteuerung der Namuka-Insel. Die Passage durch das Korallenriff, das die Insel umschließt, ist schmal und flach. Eine starke Strömung steht zudem darin. Viele Bewohner haben sich am Strand versammelt und warten dort gewiß schon lange und ungeduldig. Nur selten kommt ein Schiff hierher, das Post bringt und alle Güter, für die der Kapitän des vorigen Schiffes die Bestellungen mitgenommen hatte.
So nah wie möglich schiebt sich der Zweimastersegler an den Strand. Dann fällt der Anker. Mit Hilfe eines Schwenkarmes wird ein hölzernes Beiboot zu Wasser gelassen. Mit der ersten Ladung gelange auch ich an Land.
„Wo ist das Haus des Häuptlings?“ frage ich den erstbesten Mann auf englisch. In Suva hatte man mir gesagt, daß einige Leute auf der Insel englisch sprächen. Ich bin offenbar an den Richtigen geraten.
„Am Dorfplatz. Das schönste Haus gehört ihm. Aber ich nehme an, er ist beim Fischen, sonst wäre er jetzt hier.“
Den Rucksack auf dem Rücken, die Tasche mit dem Begrüßungsgeschenk für den Häuptling in der Hand mache ich mich auf den Weg. Ich passiere ein paar hübsche Häuschen, mit Palmwedeln bedeckt. Am Dorfplatz erwarte ich ein ähnliches, größeres Haus und dazu das schönste. Doch der Mann, den ich am Strand gefragt hatte, versteht unter Schönheit offenbar etwas anderes als ich. Das Häuptlingshaus ist zwar groß, doch nicht im alten Fidschi-Stil gebaut, sondern aus Brettern mit einem

Als ich die Insel Namuka besuchte, hatte ich besonderes Glück: Nur einmal im Jahr wird jenes Fest veranstaltet, bei dem „Otuhaka“, ein traditioneller Sitztanz, vorgeführt wird. Er ist durch lebhafte Arm- und Handbewegungen gekennzeichnet. Die tanzenden Mädchen waren prachtvoll mit Blumenhalsketten und Baströckchen ausgestattet, im Haar trugen sie farbenprächtigen Federschmuck. Sie sangen und die Männer schlugen die Trommel dazu. Am Ende gab's ein reichhaltiges Festmahl.

Wellblechdach. Daß sein Haus aber als Statussymbol gilt und von allen Dorfbewohnern bewundert wird, erkenne ich schon bald.

Wie der Mann am Strand vermutet hatte, ist das Dorfoberhaupt mit dem Auslegerboot zum Fischfang hinausgesegelt und kommt erst abends zurück, wie mir seine Frau zu verstehen gibt. Also setze ich mich eben hin und warte. Vom Versorgungsschiff sind inzwischen alle für Namuka bestimmten Waren an Land gebracht, das Beiboot ist wieder an Bord und der Anker gelichtet. Kinder und Erwachsene strömen vom Strand zum Dorfplatz, um den weißen Mann aus der Nähe anzuschauen, der mit dem Schiff angekommen ist.

Auch Daniem, der älteste Häuptlingssohn, ist unter den Leuten. Er tritt zu mir heran und fragt mich in gutem Englisch: „Warum sitzt du hier in der Sonne? Unter dem Baum dort ist es schattig.“ Er zeigt zu einem großen Mangobaum in der Nähe des Häuptlingshauses.

Daniem ist etwa zwanzig Jahre alt, athletisch gebaut. Er trägt den „Sulu“, einen Wickelrock, wie er auch in Polynesien üblich ist. Fidschi gehört geographisch zu Melanesien, doch die Leute auf den südlichen Lau-Inseln sind keine reinen Melanesier. Sie sind hellhäutig, ihr gekräuseltes Haar wächst länger, und sie entsprechen mehr dem – subjektiven – Schönheitsideal des Weißen als ihre negroiden Stammesbrüder weiter im Westen der Südsee.

„Meine Mutter hat mir gesagt, daß du auf meinen Vater wartest. Was willst du von ihm?“ fragt mich Daniem, nachdem er sich zu mir gesetzt hat.

„Ich will ihn bitten, ob ich eine Weile bei euch im Dorf bleiben und zuschauen kann, wie ihr eure Segelboote baut. Die gibt es nämlich so nur noch bei euch in der südlichen Lau-Gruppe. Anderswo fahren die Leute längst mit Motorbooten.“

„Das stimmt. Ich selbst baue gerade eine neue Thamakau. Ein Motorboot ist zwar schneller, aber auch teurer, und wir haben nicht viel Geld. Unsere Boote kosten nichts – nur viel Arbeit. Und wenn ich den richtigen Wind erwische, bin ich auch nicht viel langsamer als ein Motorboot.“

Der Häuptlingssohn will noch wissen, ob ich auch Kava mitgebracht habe. Das sind getrocknete Wurzeln der Pfefferpflanze, wie sie in der Südsee wächst. Aus ihnen wird das leicht berauschende Getränk gemacht, das bei der traditionellen, nach sehr strengen Regeln ablaufenden Begrüßungszeremonie getrunken wird.

„Einen ganzen Sack voll Kava habe ich“, antworte ich scherzhaft und hole das Stoffsäckchen aus der Handtasche. „Der Premierminister persönlich hat mir geraten es mitzunehmen.“ Gekauft habe ich die Wurzeln auf dem Markt in Suva.

„Du hast also eine Genehmigung bekommen, nicht wahr?“

„Ja, die habe ich. Hier in diesem Umschlag. Die will ich deinem Vater geben. Ich weiß nicht, was drin steht, weil es in eurer Sprache geschrieben ist.“

Daniem liest den Brief aufmerksam. „Da steht, daß du auf der Insel bleiben kannst, wenn wir es erlauben. Mein Vater hat bestimmt nichts dagegen, wenn du Kava mitgebracht hast.“

Erst kurz vor dem Dunkelwerden kehrt der Häuptling heim. Ich werde sehr freundlich behandelt, nachdem ich den Brief aus Suva und den Beutel mit Kava überreicht habe. Der Häuptling ruft zwei Jungen, welche

Im Häuptlingshaus durfte ich vor dem Otuhaka-Fest zuschauen, wie die Tänzerinnen sich gegenseitig schminkten und schmückten. Als ich die älteste Häuptlingstochter fotografierte, wurden ihr gerade mit einer Mischung aus Ruß und Schweinefett die Wangen gefärbt. „Tarau", der Federschmuck, steckte ihr bereits in den dichten Kraushaaren.

die Pfefferwurzeln in einem Mörser zerstampfen müssen, und sein Sohn macht sich auf den Weg, um die wichtigsten Männer des Dorfes zu der Kava-Zeremonie einzuladen. Alle versammeln sich im „Bure", einem Haus, das schon vor langer Zeit im traditionellen Stil eigens zum Kava-Trinken gebaut worden ist. Die Wände sind aus Palmblättern geflochten, eine Holzkonstruktion aus runden Balken trägt das Dach aus Palmwedeln. Der Boden ist mit Pandanusmatten ausgelegt, die aus den Blättern der „Schraubenpalme" geflochten werden.

Die zusammengerufenen Männer hocken im „Schneidersitz" an den Wänden entlang auf den Matten, der Häuptling in ihrer Mitte. Ihm gegenüber sitze ich, der Gast. Mitten im Raum steht eine große, kunstvolle aus Hartholz geschnitzte Schale, „Tanoa" genannt. Sie ist halb mit Wasser gefüllt. Daneben liegen die „Bilos", halbierte Kokosnußschalen, aus denen Kava getrunken wird.

Die beiden Jungen schütten die zerstampften Wurzeln in ein Geflecht aus Hibiskusfasern, schließen es und tauchen es in das Wasser im „Tanoa". Der „Teebeutel" mit dem Pulver wird dann geknetet und gepreßt, bis das Wasser eine milchige Farbe annimmt.

Der Häuptling hält eine feierliche Rede, von der ich kein Wort verstehe. Einer der Jungen stellt eine halbvolle „Bilo" vor mich hin.

Man erwartet nun von mir, daß ich einmal in die Hände klatsche und die Schale in einem Zug austrinke. Danach setze ich die Schale ab, klatsche zweimal, und alle Männer rufen nun „Matha!". Der Becher ist leer, heißt das.

Die nächste Schale bekommt der Häuptling, und danach sind in der Reihenfolge ihres Alters die anderen Männer dran. Dieses rituelle Trinken wiederholt sich mehrmals.

Das Getränk schmeckt sehr bitter. Meine Mundhöhle ist betäubt wie nach einer Spritze beim Zahnarzt. Die Glieder werden immer schwerer, ich fühle mich wie betrunken. Nur mit Mühe halte ich mich wach und stehe die Zeremonie bis zum Ende durch, todmüde.

Frauen haben keinen Zutritt zum „Bure", wenn dort Kava getrunken wird. Fofoga, die Frau des Häuptlings, hat während des Rituals das Abendessen zu Hause vorbereitet, zu dem ich eingeladen bin. Ich schenke ihr alle Konserven aus meinem Reiseproviant und dazu Süßigkeiten für die Kinder. Obwohl das Häuptlingshaus auf „europäische" Art gebaut ist, wird nicht am Tisch, sondern auf Pandanusmatten gegessen, die auf dem Boden liegen. Gekocht wird draußen auf einer durch ein Überdach geschützten Feuerstelle.

Fofoga legt Stücke von gekochtem Huhn mit Brotfrucht auf bunte Emailteller und übergießt das Ganze mit heißer Kokosmilch. Dazu schenkt sie in Emailtassen ein gehaltvolles Getränk aus Cassava-Knollen, das nur einen geringen Alkoholgehalt hat. Nur der Gast, der Häuptling und sein Ältester bekommen dieses Getränk. Frau und Kinder müssen zuschauen.

Mein Zelt brauche ich nicht aufzubauen. Es gibt ein Gästehaus im Dorf, in dem ich übernachten und meinen Rucksack abstellen kann. Es ist zwar nur winzig, das Dach so niedrig, daß ich darin nicht aufrecht stehen kann, aber als Schlafstätte reicht es mir völlig aus.

Auf der Inselgruppe Lau ist die Bevölkerung gemischt. In der Nachbarschaft der Häuptlingsfamilie, allesamt mit kurzem, krausem, schwarzem Haar, wohnen fast reine Polynesier, die wie ihre kleine Tochter aussehen: hellhäutig und mit langem Haar. Sie sind aus Tonga, von den Freundschaftsinseln, wie Captain Cook sie nannte, vor langer Zeit hierhergekommen.

Die Dorfbewohner sind mit den Hühnern auf den Beinen. Daniem holt mich ab, und wir gehen zu seiner „Werft“.

Schon unterwegs weiht er mich in ein paar Geheimnisse der Bootsbaukunst ein: „Das Holz für eine Thamakau muß sehr hart sein und darf, wenn es ausgetrocknet ist, keine Risse bekommen.“ Als wir dann vor seinem Werk stehen, erklärt er mir alles, was ich wissen will: „Das hier ist das Unterteil, da kommt dieses Stück wie eine Haube drauf. Die Fugen werden mit Harz abgedichtet. Im oberen Teil siehst du zwei Öffnungen. Die werden mit einem Deckel verschlossen, völlig wasserdicht. Alles, was ich auf die Fahrt mitnehme, bleibt darin trocken. Den Mast habe ich auch schon, und daneben, das ist mein Ausleger. Das Segel näht meine Mutter aus alten Mehlsäcken. Sie sind aus Nylon und halten lange. Früher haben wir Segel aus feinen Pandanusmatten benutzt. Aber die saugen sich mit Wasser voll und werden dann schwer.“

„Wann wird das Boot fertig sein?`“

„In einer Woche, vielleicht früher. Viel ist nicht mehr zu machen“, meint Daniem nach kurzem Nachdenken.

„Kann ich dir dabei helfen und dann auch einmal mit dir segeln?“

„Aber gerne, dann werde ich noch schneller fertig“, freut sich der Bootsbauer.

In den nächsten Tagen sind wir von morgens bis abends beisammen auf der „Werft“.

Nach einer Woche Arbeit ist die erste Probefahrt fällig. Und wir sind beide von den Segeleigenschaften des Bootes begeistert. Ich kann nur staunen, wie geschickt mein neuer junger Freund mit dem Segel umgeht und dessen optimale Stellung findet. Bei einer leichten Brise steuert er sicher durch die Riffpassage, und bei dem kräftigen Wind auf dem offenen Meer gleitet das neue Schiff berauschend schnell dahin.

Schon denkt Daniem an die erste große Fahrt zur Hauptinsel der Gruppe, Lakemba. Für die gut 100 Seemeilen dorthin muß er mit zwei Tagen rechnen. Daniem verspricht mir, mich mitzunehmen.

Das Wetter ist beständig, der Wind weht günstig, und der Vollmond leuchtet hell am Himmel. Alles spricht dafür, in die Nacht hinauszufahren. Ich hätte es noch lange auf Namuka ausgehalten, aber eine so günstige Gelegenheit, in die Zivilisation zurückzusegeln, darf ich nicht auslassen. Mit eigenen Augen will ich sehen, wie Daniem ohne Kompaß und Karte die doch recht beachtliche Strecke von fast 200 Kilometern bewältigt und sein Ziel findet, eine kleine Insel von knapp sechs Kilometer Durchmesser. Wie seine Vorfahren navigiert er nur mit Hilfe von Sonne und Sternen.

Zwei Nächte und einen Tag sind wir auf dem offenen Pazifik unterwegs, am Ende bei einer hohen Dünung. Das Boot erweist sich als dicht. Kein Tropfen Wasser dringt in den Hohlraum, der auch als Stauraum für mein Gepäck dient. Bald ist mir die Segeltechnik vertraut, und wir wechseln uns am Ruder ab. Am Morgen des dritten Tages müssen wir uns anleinen, ständig überspülen die Wellen das Deck.

Mit einer Präzision, wie sie heutzutage nur die Satellitennavigation ermöglicht, segeln wir genau auf die Südspitze von Lakemba zu, wo auch der Hauptort der Insel, Tumbou, liegt. Mit Daniem, dem Häuptlingssohn, verbringe ich hier noch ein paar Tage, ehe ein Schiff einläuft, das mich zurück nach Suva befördert.

Inseln, von Menschenhand erschaffen

Bei den Melanesiern in der Lau-Lagune auf der salomonischen Insel Malaita.

Seite 85:
Auf meiner letzten Südseereise brachte mich ein Frachter zu den Salomonen. Im Norden der Insel Malaita, in der langgezogenen Lau-Lagune, haben die Küstenbewohner schon vor 300 Jahren damit begonnen, künstliche Inseln zu schaffen, um sich vor feindlichen Bergstämmen in Sicherheit zu bringen.

Seiten 86/87:
Die Insel Liunasi entstand schon vor mehreren Jahren. Auf dem Grund der Lagune errichteten die Insulaner aus Korallenblöcken einen runden Wall und füllten das Innere ebenfalls mit Korallen auf. Die oberste Schicht, Sand und Erde, schafften sie auf ihren Kanus vom Festland herbei. Die Toiletten und Schweineställe auf Stelzen richteten sie in einiger Entfernung von den Häusern über der Wasseroberfläche ein – die einfachste Entsorgung menschlicher und tierischer Darmprodukte.

Also, das sind nun die künstlichen Inseln, sage ich zu mir selbst. Vor mir erstreckt sich eine riesige Lagune, aus der sich an die sechzig kleine und kleinste Inseln erheben. Ein malerischer, idyllischer Anblick. Blau wie der Himmel ist das flache, ruhige Wasser der Lagune. Die Brandung zerschellt draußen am Korallenriff, wo es spritzt und schäumt.

Bei Flut ragen die Inselchen nur einen knappen Meter über die Wasseroberfläche. Sie sind rund und bestehen aus Korallenblöcken, Sand und Erde. Kleine Hütten auf Pfählen stehen darauf, die Wände und Dächer aus Palmblättern. Kokospalmen wachsen auf den Inseln, auf einigen auch Plumeria- oder Bougainvilleabäume voller Blüten. Saftig grün ist der teilweise kultivierte Küstenstreifen der Lagune, ehe er in Dschungel übergeht, der auch die Berge dahinter bedeckt.

Wie komme ich auf so eine Insel? Die nächste ist zum Greifen nahe, aber ich bräuchte doch ein Boot. Das Wasser in der Lagune ist immerhin zwei Meter tief. Ich setze mich auf meinen Rucksack und warte. Irgendwann wird mich schon jemand entdecken und wissen wollen, was ich hier vorhabe.

Den ganzen Tag war ich von Auki, dem Hauptort der Insel Malaita, bis hierher unterwegs gewesen, zuerst auf einem Lastwagen, dann zu Fuß. Jetzt bin ich müde und froh, die Last auf meinem Rücken los zu sein. Die leichte, kühle Brise vom Meer her tut mir gut in der Hitze, wie sie in dieser Jahreszeit auf den Salomonen unerträglich werden kann.

Ich brauche nicht sehr lange zu warten. Ein kleines Einbaumkanu, von jungen Burschen gefahren, kommt am Ufer entlang näher.

„Wo willst du hin?“ ruft mir einer schon von weitem zu. Allmählich verstehe ich das mit der Eingeborenensprache vermischte Pidgin-Englisch, das hier gesprochen wird.

„Auf eine der Inseln rüber und zuschauen, wie man das Muschelgeld macht!“ antworte ich in einfachem Englisch, das die beiden verstehen müßten.

„Bei uns wird auch Muschelgeld gemacht. Wir wohnen drüben auf der Liunasi-Insel und bringen dich hin, wenn du willst.“

Es ist nicht weit zu dem Heimatinselchen der Jungen. Meine Ankunft dort wird zum Ereignis. Nur drei Familien leben auf der Insel, die einen Durchmesser von etwa hundert Meter hat. Aber es müssen riesige Familien sein, nach der Zahl der Kinder zu schließen, die mich neugierig erwarten und alle helfen wollen, den Rucksack an Land zu tragen.

Die drei Familienväter sind zum Fischen hinausgefahren, die Mütter bleiben mit den vielen Kindern daheim. Zwei der drei Familien haben blondes Haar und sind reine Melanesier. Sie sind gar nicht so selten, wie ich später auf der Hauptinsel Malaita feststelle. Alte Menschen entdecke ich auf Liunasi nicht, also waren es die jungen Leute, die dieses Eiland gebaut haben, nachdem ihnen die Inseln, von denen sie stammen, zu eng geworden waren.

Das Baumaterial wird auf Holzflößen herbeigeschafft. Zuerst entsteht ein runder Wall aus Korallenblöcken, der mit kleineren Korallenstücken aufgefüllt wird. Die oberste Schicht, Sand und Erde, wird mit den Einbaumkanus antransportiert. Es muß unendlich viel Arbeit sein, bis die vielen Kubikmeter Baumaterial beisammen und aufgeschichtet sind. Belohnt werden

Das Fest, wie ich es auf der Insel Sulufou in der Lau-Lagune erlebte, war auch für die Einheimischen ein ganz großes Ereignis mit Gesang und Tanz als Höhepunkten. Die Mädchen trugen dazu „Tafuliae", die Muschelgeldketten, um den Hals und Stirnbänder aus Tümmlerzähnen.

die Inselbauer mit einer steten kühlen Brise vom Meer her, die auch Moskitos und andere Stechmücken von dem Eiland fernhält.

Auf dem Küstenstreifen der Hauptinsel Malaita werden allerlei Früchte, Knollen und Gemüse angebaut und im Einbaum auf die kleine Wohninsel gebracht. Das ist Frauenarbeit. Die Männer beschäftigen sich hauptsächlich mit dem Fischfang.

Eine junge Frau, Noa heißt sie, spricht das Pidgin-Englisch am besten und übernimmt die Unterhaltung mit mir. Ich sage ihr, daß ich wegen des Muschelgeldes gekommen sei.

„Tarua, mein Mann", sagt sie, „kann Muschelgeld machen. Er hat es von seinem Vater gelernt und der wieder vom Großvater. Warte hier, ich zeige dir ein Tafuliae."

Noa verschwindet in der Hütte und kommt gleich zurück mit einer langen Halskette. Sie besteht aus zehn Reihen von kleinen Muschelscheibchen. Jedes dieser vielen tausend Scheibchen ist in der Mitte durchbohrt und auf eine dünne Schnur aufgezogen. Noa hält die mehrfarbige Kette in der Hand und erklärt mir: „Je kleiner das Geld ist, desto mehr ist es wert. Am kostbarsten ist dieses Rosa-Geld. Es ist aus Muschellippen hergestellt und fünfmal so teuer wie das weiße oder schwarze."

„Wie und wo macht ihr das Geld?" will ich wissen.

„In dem Haus drüben ist die Werkstatt." Sie zeigt zu einem Überdach, unter dem sich verschiedene Muschelsorten häufen. Wir gehen hinüber, und Noa fährt mit ihrer Erläuterung fort.

„Die Muscheln werden in sehr kleine Stücke zerkleinert und mit diesem Werkzeug hier durchbohrt. Der Bohrer stammt noch von Taruas Großvater. Weiß der Himmel, wie viele tausend Muschelgelder damit schon gemacht wurden. Die durchbohrten Stücke werden zusammengebunden und erhalten durch vorsichtiges Reiben zwischen zwei Steinen ihre runde Form. Muschelgeldmachen braucht viel Zeit und Arbeit. Das Muschelgeld hat aber einen festen Kurs zum Salomonen-Dollar. Wenn wir keine Dollars haben, können wir damit bezahlen und zum Beispiel vom Nachbarn ein Schwein kaufen." Noa streckt mir die Kette in ihrer Hand hin: „Für drei solche Tafuliae bekommen meine Söhne später, wenn sie heiraten wollen, eine Frau."

Obwohl Noa alles ausführlich beschreibt, möchte ich trotzdem einmal zuschauen, wenn Muschelgeld hergestellt wird. „Könnte ich warten, bis dein Mann kommt und ihm beim Geldmachen zugucken?"

„Aber sicher", stimmt sie zu, „vielleicht schon morgen, wenn er heute genug Fische heimbringt und sich dann wieder hier an die Arbeit macht. Du kannst gerne bei uns übernachten."

In das Haus, das sie mir zeigt, trage ich meinen Rucksack und packe alles aus, was noch an Eßbarem drinnen ist. Ich weiß, daß ich damit das sinnvollste Geschenk machen kann. Noa schafft alles in die Küche, ein offenes Haus nur mit einer Rückwand zum Wasser hin, und legt die willkommenen nahrhaften Gaben in einen Korb. Die Frau ist etwa dreißig Jahre alt und hat fünf Kinder. Ihre Haut ist schokoladenbraun, das Haar lockig und lang und dunkler als das ihrer Nachbarinnen. Sie trägt ein selbstgenähtes Kleid aus rotem Stoff mit weißen Blumen. Schuhe sind auf der Insel unbekannt.

Zum Fest auf der Insel Sulufou erschien der Häuptling in prächtigster Aufmachung, am imposantesten die Ketten aus den Zähnen von Hunderten erlegten Tümmlern. Natürlich schmückten auch ihn die traditionellen Muschelgeldketten.

In der Mitte der Küchenhütte ist eine Feuerstelle aus großen Steinen, auf denen noch etwas Glut durch die Asche schimmert. Zum Abendessen gibt es „Gata", ein recht aufwendiges Gericht. Noa reibt zuerst Taroknollen ganz fein auf dem unteren Teil eines Palmwedels, der so rauh ist, daß er sich als Reibeisen eignet. Dann zerhackt sie Nalinüsse und gibt den süßen Saft des Zuckerrohrs hinzu. Das Ganze wird vermengt und in ein Bambusrohr gefüllt, das ständig über dem Feuer gedreht wird. Nach einer halben Stunde klopft Noa den Inhalt aus dem Rohr auf Bananenblätter und übergießt ihn mit heißer Kokosmilch. „Gata" schmeckt köstlich, etwa wie Nußpudding.

Die Männer haben ein paar Papageienfische gefangen und einen kleinen Hai, der etwa einen Meter lang ist.

Tarua ist ein freundlicher Mann. Sofort ist er bereit, mir am nächsten Morgen praktisch zu zeigen, wie Muschelgeld gemacht wird. Er ist kräftig gebaut, kaum älter als seine Frau. Seine Zähne sind vom ständigen Kauen der Betelnuß rot gefärbt. Wenn er damit nicht aufhört, werden sie bald schwarz und kaputt sein.

Auch die Nachbarmänner haben den Kürbisbehälter mit pulverisiertem Kalkstein immer bei sich, dazu ein Täschchen aus geflochtenen, feinen Pandanusblättern. Darin befinden sich die Betelnüsse, ein Messer, um sie zu öffnen, und kleine grüne Blätter. Die Männer zerkauen die Nüsse zusammen mit den Blättern und nehmen dazu etwas Kalk. Das wirkt ein wenig berauschend.

Den Vormittag verbringe ich mit Tarua in der Muschelgeldwerkstatt, dann lädt er mich ein, seine Gärten auf der Hauptinsel zu besichtigen. Noa und die Kinder folgen uns in einem anderen Kanu. Auf gepflegten Beeten gedeihen da nicht nur Taro, Yams und Blattgemüse, sondern auch Erdnüsse. Noa kommt fast jeden Tag hierher und arbeitet stundenlang.

Auf dem Rückweg paddeln wir zur größten der künstlichen Inseln, Sulufou, hinüber, wo mich Tarua dem Häuptling der Lau-Lagune vorstellt. Der dicke alte Mann bittet mich gleich in sein Haus und läßt sich mit Tarua die Zigarren schmecken, die ich zum Glück dabei hatte. Dann zeigt er mir stolz das größte Kanu in der Lagune. Es ist kein Einbaum aus einem Stamm, sondern aus Holzplanken gebaut, die mit Kitt aus den Nüssen des Tita-Baums abgedichtet sind. Das Boot ist bunt bemalt und steht aufgebockt unter einem Überdach.

„Wenn die Tümmler kommen, lassen wir das Boot zu Wasser", erläutert mir der Häuptling. „Manchmal sind es Hunderte, die in die Lagune hineinschwimmen. Viele Boote von den anderen Inseln legen sich auf die Lauer. Dieses Boot aber bildet sozusagen die vorderste Front. Ich kniee ganz vorn im Bug und schlage diese beiden Steine unter Wasser zusammen." Er nimmt in jede Hand einen kinderkopfgroßen Brocken, die neben dem Boot liegen. So treiben wir den Tümmlerschwarm zum Ufer hin, in die Mangroven. Unsere Männer springen aus den Booten und erlegen die Fische mit den Speeren."

Der Häuptling faßt an seine Halskette: „Hier, das sind alles Tümmlerzähne." Hunderte sind auf die Schnur aufgezogen. „Sie sind wertvoll und bei uns Zahlungsmittel wie das Muschelgeld. Eine Braut kostet tausend Zähne."

Beim Abschied lädt mich der Häuptling

Noas älteste Tochter ist schon heiratsreif, obwohl sie gerade fünfzehn Jahre zählt. Sie und alle ihre Geschwister haben die gleichen Zeichnungen auf Wangen und Nase – das Kennzeichen jeder Familie. Schon den Säuglingen werden mit einem scharfen Hölzchen diese Ornamente in die Haut geritzt. Die Narben und die Tätowierungen bleiben lebenslang sichtbar.

noch zu einem Fest ein, das in wenigen Tagen stattfinden soll.

Es dauert nicht lange, bis auch mich ein Problem der Eingeborenen plagt: Flöhe. Sie haben sich in meiner Schlafstelle eingenistet und gönnen mir keine Ruhe mehr. Sie krabbeln über meinen Körper, aber meine nächtlichen Schläge mit der flachen Hand treffen nur mich, nicht sie. Wenn sie wenigstens nur einmal stechen und sich dann vollsaugen würden. Aber nein, sie setzen immer eine ganze Reihe von Stichen, die erbärmlich und lange jucken. Natürlich ermahne ich mich ständig, nicht zu kratzen, und erliege doch immer wieder der Versuchung, die alles noch viel schlimmer macht.

Wenn es nur die Flöhe wären! Jetzt fängt auch mein Kopf an zu jucken. Die Kinder entdecken die ersten Läuse, die sich offenbar rasch vermehren. Vor ein paar Tagen noch habe ich amüsiert den Mädchen zugeschaut, wie sie sich gegenseitig entlausten. Wie die Affen, dachte ich: Sie hocken da und suchen, ziehen dann vorsichtig eine Laus aus den Haaren und knacken sie zwischen den Schneidezähnen. Inzwischen lasse ich mich selber gerne von den Kindern nach Affenmanier entlausen. Wenn es wenigstens dauerhaft Linderung verschaffte!

Der Tag des Festes ist angebrochen. Nur die Hunde, die Schweine und die Flöhe bleiben auf Liunasi zurück, die ganze Kanuflotte steuert Sulufou an. Die Mädchen auf der Insel erwarten uns in Röcken aus gefärbten Pandanusblättern, die meisten tragen „Tafuliae", die Muschelgeldketten, um den Hals. Die Jungen sind weißbemalt, mit Rascheln an den Knöcheln. Am abenteuerlichsten sieht der Häuptling aus mit den vielen Ketten aus Tümmlerzähnen, die seinen Reichtum offenbaren. Seine Rede in der Eingeborenensprache übersetzt mir Tarua wenigstens teilweise. Er lobt den Mut der Männer und schwärmt von der Schönheit der Frauen. Beide Geschlechter fühlen sich offensichtlich sehr geschmeichelt.

Jetzt sind die Mädchen an der Reihe. Sie singen und tanzen und werden von den bemalten Buben abgelöst. Die springen hoch, rascheln und schneiden dazu lustige Grimassen. Die Zuschauer lassen sich anstecken und werden immer ausgelassener. Wie alle Feste, die ich bisher in der Südsee erlebt habe, endet auch dieses mit einem üppigen Mahl. Der Häuptling pafft genüßlich meine Zigarren und vergißt darob beinahe das Kauen auf der Betelnuß in seinem Mund.

Am Tag nach dem Fest packe ich den Rucksack. Ich halte das Jucken auf dem Kopf nicht länger aus. Es tut mir leid, von der Insel schier zu flüchten, wo alle Leute so nett zu mir waren. Und ich nehme mir vor, mich nie mehr ohne „Insektenkiller" länger zu den Eingeborenen zu begeben. Das erste, was ich in Auki kaufe, ist eine Spraydose von Bayer. Ich lege ein Handtuch vors Gesicht und lasse es ins Haar zischen. Die Läuse geben Ruhe. Am Strand breite ich den Schlafsack aus, schlüpfe mit der Spraydose hinein, ziehe die Schnur oben zu und versprühe eine kräftige Ladung. Jetzt bin ich auch die Flöhe los.

Die Großväter waren noch Kopfjäger

Bei den Melanesiern auf der Insel Telina in der salomonischen Marovo-Lagune.

Seite 95:
Spirits nennt Romulus von der Telina-Insel die kunstvollen Schnitzereien aus Ebenholz. Sein Großvater gehörte noch zu den gefürchtetsten Kopfjägern der Salomonen. Oberhalb des Heimatdorfes von Romulus konnte ich auf einem Berg den ehemaligen Ritualplatz besuchen. Dort feierten die Kopfjäger noch Anfang dieses Jahrhunderts ihre Kannibalenfeste; dort sah ich auch noch Hunderte von erbeuteten Menschenschädeln.

Seiten 96/97:
Die Einheimischen leben in einem Dorf, dessen Häuser über dem Wasser der Lagune auf Stelzen stehen, mit direktem Zugang zu den Bootsanlegestellen. Die Insulaner sind seit einigen Jahren missioniert und friedfertig geworden.

„Zwanzig Mann haben das große Kanu gepaddelt, mit dem mein Großvater seine Beutezüge unternommen hat", beginnt Romulus zu erzählen. „Wenn in den Bug des Bootes eine solche Ngu-Ngu-Figur mit einem kleinen Menschenkopf in den Händen eingeschnitzt war, dann kamen sie, um zu töten. Wenn die Figur aber einen Vogel gehalten hat, hatten sie friedliche Absichten."
Romulus hat so eine Figur mit eingearbeitetem Menschenschädel bei sich. Er selbst hat sie getreu dem Original aus Ebenholz geschnitzt. Wie müssen die Menschen einst gezittert haben, wenn sie des Originals ansichtig wurden!
Als hätte er meine Gedanken erraten, bricht es aus Romulus heraus! „Wir sind keine Kopfjäger mehr! Wir sind jetzt Christen! Sicher bist du an unserer Mission vorbeigesegelt. Wir sind Sieben-Tage-Adventisten." Er scheint richtig stolz darauf zu sein.
Wir sitzen am Strand der Telina-Insel in der größten Lagune der Erde, von der viele sagen, daß es auch die schönste sei. Der mehr als tausend Meter hohe Vangunu-Berg beherrscht die gleichnamige Insel, vor der sich die Marovo-Lagune ausbreitet. Eine Reihe schmaler, langgezogener Koralleninselchen und ein Riff schützen die Lagune vor dem Meer. Sie selbst ist mit unzähligen Inseln und Inselchen gespickt, die meisten sind unbewohnt, auch wenn Kokusnußpalmen darauf wachsen. Ein dichter Dschungel bedeckt die Hauptinsel, aus dem mächtige Bäume ragen.
Romulus ist ein geschickter Holzschnitzer, er hat es von seinem Vater gelernt. Knapp zwanzig Jahre zählt er, seine Haut ist fast ebenso dunkel wie der schwarze Krausharschopf. An seinen Ohren baumeln Ringe aus Ebenholz, die er natürlich selbst geschnitzt hat. Er trägt nicht den Wickelrock wie die anderen Jungen auf der Insel, sondern Jeans. Sie zeigen sozusagen an, daß er missioniert ist und sich der Zivilisation anpassen möchte. Sein Pidgin verstehe ich ebenso gut wie er mein Englisch. „Als ich noch klein war, hat mir mein Großvater im Wald oben auf der Hauptinsel die Stelle gezeigt, wo sie früher gefeiert haben. Dort liegen noch viele von den Menschenschädeln, die sie damals von den Fahrten zu den Nachbarinseln mitgebracht haben."
„Kannst du mir die Stelle zeigen?"
„Gerne, wenn ich sie noch finde. Es ist nämlich lange her, seit ich das letztemal dort war. Der Pfad hinauf ist sicher längst zugewachsen. Aber wir können es ja versuchen – morgen früh, wenn du willst."
Romulus packt seine Schnitzereien zusammen und geht ins Dorf zurück. Ich bleibe noch am Strand hocken.
Auf dem schmalen Korallenstrand spielen Kinder, ihre Haut ist dunkel wie Ebenholz, die Haare dicht und lang und gekräuselt. Einige haben blonde Strähnen darin, andere sind sogar ganz blond, so wie ich es auch schon auf der Insel Malaita gesehen habe. Funkelnde braune Kulleraugen, blendend weiße Zähne, schmale Nasenrücken – nirgendwo auf meinen Südseereisen habe ich schönere Menschen angetroffen als hier auf den Salomonen.
Langsam schlendere ich zu der Stelle, wo ich das Beiboot auf den Strand gezogen habe. Gedankenversunken rudere ich zurück zur „Bonnie", einer elf Meter langen Stahlyacht aus Neuseeland, die in der Lagune ankert. Skipper Ken, seine Frau

Die Kinder von der Telina-Insel lernen zuerst gehen und gleich danach schwimmen. Schon die kleinsten Knirpse paddeln geschickt die Einbaumkanus ihrer größeren Geschwister. Jeder Junge baut sich sein eigenes Kanu, das, wie er selbst, immer größer wird.

Bonnie, Namensgeberin der Yacht, und die fünfjährige Tochter warten schon auf mich.
Ich berichte, was ich auf der Insel alles erlebt und erfahren habe und daß ich morgen mit Romulus, meinem neuen Freund, den früheren Festplatz der Kopfjäger im Dschungel aufsuchen möchte. Sie müßten also einen Tag lang auf ihren Schiffskoch verzichten. In Honiara, der Hauptstadt von den Salomoninseln, hatte ich Ken und Bonnie meine Kochkünste angeboten, wenn sie mich dafür nach Neuseeland mitnähmen. Beide Seiten haben von dem Arrangement bisher nur profitiert. Und so kriegt der Smutje gerne seinen freien Tag.
Nach dem Frühstück rudert Ken mich zum Strand, Romulus läßt an der vereinbarten Stelle nicht lange auf sich warten. Mit seinem großen Einbaum überqueren wir den Wasserarm, der Telina von der Hauptinsel trennt. Das Kanu machen wir an der Mündung eines Baches fest und folgen zu Fuß zunächst dem Bachlauf. Bald merken wir, daß es einfacher ist, im seichten Wasser zu waten, als durchs dichte Gestrüpp zu stolpern. Nach einem Kilometer steigt das Gelände an, der Bach fließt über Kaskaden, unter denen sich kleine Tümpel gebildet haben. Süßwasserkrebse tummeln sich darin.
Noch eine Weile gehen wir dem Bach entlang. Dann sagt Romulus: „Hier war irgendwo der Pfad zum Berg hinauf. An den Wasserfall kann ich mich noch gut erinnern.“ Die Kaskade ist etwa drei Meter hoch. Die Luft ist von angenehmem Duft erfüllt, überall die weißen Ingwerblüten, daneben scharlachrote Alpinien, von den Eingeborenen auch Roter Ingwer genannt, aber längst nicht so intensiv riechend wie der weiße.
„Der Pfad muß völlig überwuchert sein. Ich weiß genau, daß er hier war“, sagt mein Begleiter fast ärgerlich. Und dann trotzig! „Wir gehen weiter! Irgendwie werden wir schon den Berg hinaufkommen.“
Wir holen die Macheten aus den Futteralen und schlagen uns einen Weg. Romulus verlangt bald nach meinem Haumesser, weil seines viel zu stumpf ist. Ich schleife meine Machete stets messerscharf, und so bleibt sie auch lange. Kein Wunder, „Made in Germany“ steht darauf.
Erst am Nachmittag erreichen wir die Kuppe des Berges. Hier stehen keine größeren Bäume. Es sieht aus, als ob sie alle irgendwann einmal gefällt worden wären. Und so verhält es sich auch, wie ich bald erfahren sollte.
„Da sind wir also“, atmet Romulus auf. „Hier war früher eine große Lichtung, und dort vorne der Steinhügel, da kannst du die Schädel sehen.“
Den Hügel haben Menschen aufgeschüttet. Drinnen ist eine kleine Höhle, voll von Menschenschädeln. Wie viele müssen von den Kopfjägern auf ihren Beutezügen massakriert worden sein! Und dies nicht in grauer Vorzeit – noch in den Jahren nach dem Ersten Weltkrieg war das Leben in der Marovo-Lagune überaus gefährlich. Es ist schon erstaunlich, in welch kurzer Zeit die Missionare das wilde Volk im wahrsten Sinne des Wortes befriedet haben.
„Bist du nie auf die Idee gekommen, ein paar Schädel mitzunehmen?“ frage ich meinen jungen Freund.
„Das schon. Aber mein Großvater hat es mir streng verboten. Sonst würde das Unglück über mich kommen, sagte er.

Kleine bunte Fische fingen die Kinder mit mir bei Ebbe zwischen den Felsen. Ihre Mutter vermischte die Fische mit geriebenen Mangroven, packte sie in Bananenblätter und buk sie auf heißen Steinen. Der riesige Fladen wurde danach noch mit heißer, gesalzener Kokosnußmilch übergossen.

Ich werde sie nicht einmal berühren."
„Es wird wohl am besten sein, wenn du nie mehr einen Fremden hier heraufführst", rate ich Romulus. Die Schädel dieser Menschen, die auf so schreckliche Weise zu Tode kamen, sollen ihre Ruhestätte behalten und nicht als Touristensouvenirs („Ich war auch bei den Kopfjägern...") für Renommierzwecke herhalten müssen.
Ich gehe tiefer in die Höhle hinein und schaue mir einige Schädel aus der Nähe an. Romulus bittet mich, keinen zu berühren. Manche sind mehrfach durchlöchert, zeugen von grausamem Sterben.
Nachher setzen wir uns auf einen entwurzelten Baumstamm und schauen zur Lagune hinunter. So kräftig blau ist das Wasser, so saftig grün die Insel. Die Sonne hat ihren Zenit überschritten. Nach dem Blick in die Totenhöhle genieße ich die Harmonie der Natur und die friedliche Stille noch mehr.
Plötzlich rüttelt mich Romulus, daß ich erschrecke. „Du hast recht", sprudelt es aus ihm heraus, „du bist der erste und auch der letzte Weiße, dem ich diese Stelle gezeigt habe. Das bin ich dem Großvater schuldig, auch wenn er Menschen getötet hat, was ich niemals tun werde!"
Für den Rückweg brauchen wir den Rest des Tages. Romulus gefällt offenbar das Zusammensein mit seinem weißen Freund.
Am nächsten Morgen kommt er mit einem etwa achtjährigen Buben angepaddelt. Es sei sein Vetter, sagt er, aber im Gegensatz zu ihm hat der Junge sehr helles Haar.
„Romulus, hast du gestern nicht gesagt, daß es am Außenriff eine Stelle gibt, wo sich große Fische aufhalten? Komm, laß uns mit deinem Kanu hinausfahren!"
„Sofort, wenn du willst", antwortet er sichtlich erfreut. „Ich geb' dir auch einen Speer." Fast entschuldigend fügt er hinzu: „Aber ich habe nur eine Tauchermaske."
„Macht nichts. Das Tauchgerät leiht mir Ken. Und wenn du willst, kannst du auch mal mit der Preßluftflasche tauchen, anstatt nur zu schnorcheln."
Romulus strahlt, daß die weißen Zähne in seinem schwarzen Gesicht nur so blitzen. Vom Tiefseetauchen hat er bisher nur träumen können. Und er erwies sich als gelehriger Schüler.
Wir laden die Ausrüstung ins Kanu und paddeln los. Zur Passage im Außenriff ist es recht weit. Da kann sich sogar Romulus Vetter nützlich machen. So klein er auch ist, das Paddeln und das Schwimmen lernen die Kinder hier fast so früh wie das Gehen.
Die Ebbe spült uns förmlich aus der Lagune durch die Passage aufs offene Meer. Dann paddeln wir noch ein Stück weit in der glatten Dünung und lassen den Anker auf zwanzig Meter Tiefe fallen, nahe genug am Riff und doch in respektvollem Abstand von der Brandung.
Ich habe oft in der Südsee getaucht. Doch die Unterwasserwelt der Salomonen stellt alles andere in den Schatten. Farben und Formen der Korallen und Fische könnten nicht vielfältiger sein. Wir hangeln uns an der Ankerleine entlang hinab und schwimmen dann näher zum Riff, wo der Meeresgrund ansteigt. In aller Ruhe betrachte ich die herrlichen Anemonen mit den kleinen Fischen, die über sie hinwegschweben. Manche haben einen, manche zwei Streifen, als seien die einen Rang höher als die anderen. Der Speer in meiner Hand erinnert mich daran, was wir eigentlich hier unten vorhaben.

Schwarz wie Ebenholz sind die Bewohner der salomonischen Marovo-Lagune. Einige aber haben langes und helles, manche sogar strohblondes Haar.

Romulus macht mich auf einen Zackenbarsch unter einem Felsvorsprung aufmerksam, der Kerl ist gut eineinhalb Meter lang. Jetzt wünschte ich mir meine Preßluftharpune. Aber der Gedanke an einen so leckeren Fisch, an Filets fast ohne Gräten ermutigt mich, ihm mit dem bloßen Speer zu Leibe zu rücken. Romulus beobachtet mich aufmerksam und macht keine Anstalten, mich von dem Unterfangen abzuhalten.

So ramme ich den Speer mit aller Kraft in den dicken Körper des Fisches. Die stählerne Spitze dringt tief ein, doch die erste Bewegung des mächtigen Rumpfs knickt den hölzernen Speerschaft wie ein Streichholz. Der Barsch drückt sich noch tiefer in seine Höhle. Ich ziehe das Messer aus der Scheide, die ich um die rechte Wade geschnallt habe. Ein paar gezielte Stiche, und der Fisch ist tot. Das Blut aus den Stichwunden färbt das Wasser rot. Ich halte die Beute am abgebrochenen Speer und schwimme zurück zur Ankerleine, die ich in dem klaren Wasser gut erkennen kann.

Warum gestikuliert Romulus denn plötzlich wie wild? So schnell wie möglich auftauchen, soll das wohl heißen. Aber weshalb? Ich kann doch jetzt nicht einfach die Beute aus der Hand geben, wo ich mit der anderen bereits die Ankerleine gefaßt habe. Sekunden später erkenne ich, warum Romulus so aufgeregt ist: ein Blauhai, gut vier Meter lang. Von dem Barschblut angelockt, schwimmt er in meiner unmittelbaren Nähe. Soll ich doch lieber den Barsch fallen lassen und mich mit beiden Armen an der Ankerleine hochziehen? Ich kriege das trotz der unerkannten Gefahr nicht übers Herz: Mit der Rechten hangle ich mich hoch, mit der Linken ziehe ich den „Fisch am Stiel“ nach.

Romulus ist schon ein ganzes Stück über mir und gibt hastig Zeichen, die ich nicht zu deuten vermag. Der Hai umkreist mich immer enger, und jetzt wird mir doch mulmig. Mit der Schwimmflosse versuche ich ein paarmal, ihn zu treten und zu verscheuchen. Aber die Angst ist allein auf meiner Seite.

Endlich, nach einer Ewigkeit, die nur Sekunden dauert, bin ich oben. Romulus hilft mir über den Bootsrand, zu zweit wollen wir die schwere Beute ins Kanu wuchten. Doch der Hai ist schon dabei, den Barsch in Stücke zu reißen, und weitere Haie sind ihm hierher gefolgt. Nur noch der halbe Fisch landet schließlich auf dem Bootsboden. Ich bin völlig ausgepumpt, lasse mich neben den blutigen Torso fallen und atme kräftig durch. Das wilde Pochen des Herzens beruhigt sich nur langsam.

„Jungs, das war aber knapp“, sage ich zu meinen Begleitern. „Ich habe schon geglaubt, der Hai würde mich auch anknabbern.“ Der Scherz gelingt mir nicht, er löst kein Lachen, sondern Vorwürfe aus.

„Der hätte dich auch zerfleischt! Wie konntest du den Barsch nur mit dem Messer töten! So etwas hätte ich nie gemacht. Und dann noch die blutige Beute hinter dir dreinziehen! So ein Leichtsinn!“

Romulus hatte ja recht. Aber wie sollte ich ahnen, daß es in den Salomonen menschenfressende Haie gibt.

Krieg gegen die Nachbarn – gestern noch Alltag

Bei den Danis im Baliem-Tal im indonesischen Irian Jaya/West-Neuguinea

Seite 105:
Auf dem Weg zum höchsten Berg von Neuguinea, dem 5029 Meter hohen Puncak Jaya, verbrachte ich im oberen Baliem-Tal einige Tage in einem Dani-Dorf. Dort war ich bereits in einer Zone außerhalb der Reichweite der indonesischen Eroberer West-Neuguineas, wo die Eingeborenen noch ursprünglich leben.

Seiten 106/107:
Die Dani-Dörfer sind mit einem Zaun umgeben, damit die Haustiere nicht weglaufen können. Es gibt kein Tor – über den Zaun steigt man drüber. Die Männerhäuser sind rund, die Frauen- und Kinderhäuser länglich und alle mit Gras bedeckt. Auf künstlich bewässerten Feldern pflanzen die Danis alles, was sie zum Leben brauchen.

Wamena habe ich mir ganz anders vorgestellt. Der Bericht, den ich neulich über den Ort gelesen habe, muß etliche Jahre alt gewesen sein. Ich lerne Wamena als dreckiges indonesisches Kaff kennen, das keine Ähnlichkeit mit dem schmucken Dorf der Danis hat, wie ich es auf den Bildern gesehen habe. In den fünfziger Jahren kamen die Missionare ins Baliem-Tal, um die kämpferischen Danis zu friedlichen Menschen umzuerziehen. Es ist ihnen schnell geglückt. Die Krieger von gestern hocken heute in Wamena am Straßenrand und verscherbeln ihre Waffen an die wenigen Touristen, die sich mit dem Flugzeug hierher verirren. Besonders gefragt sind die Steinäxte der Danis. Mit dem Erlös von ein paar lumpigen Dollar laufen die Eingeborenen dann in den nächsten Laden, den ein Indonesier betreibt, und kaufen sich Getränke und Zigaretten.
Nach dem ersten Schock habe ich nur noch einen Wunsch: schnell fort von dem Ort, an dem die Angehörigen eines so stolzen Volkes so jämmerlich in der „Zivilisation" verkommen. Noch am Tag meiner Ankunft mit dem Flugzeug breche ich zu Fuß auf nach Westen, dorthin, wo die indonesischen Eroberer West-Neuguineas noch nicht vorgedrungen sind.
Einen Lagerplatz für die Nacht finde ich an einem mit Kiefern bewachsenen Steinhügel, nicht weit vom Baliem-Fluß, so daß ich das Wasser zum Kochen nur ein paar hundert Meter zu tragen habe. Die untergehende Sonne berührt schon fast die mit dichtem Buschwerk bedeckten Berge, die nahezu 4000 Meter hoch sind. Noch weiter westlich sind sogar Gletscherberge zu erkennen. Der Fluß schlängelt sich durch das breite Tal, das die Danis kultiviert haben. Bewässerungskanäle führen zu den Feldern und ermöglichen recht intensive Landwirtschaft.
Beim Sonnenaufgang bin ich schon wieder auf den Beinen. Der Trampelpfad folgt jeder Biegung des Flusses. Am Nachmittag treffe ich auf Felder mit Süßkartoffeln, umgeben von hohen Bananenstauden, an denen teilweise fast reife Früchte schwer herunterhängen. Hinter den Feldern führt der Pfad über eine Hängebrücke auf die Nordseite des Flusses. Als Baumaterial dienten Schlingpflanzen. Der Laufsteg aus Bambusrohr ist so schmal, daß „Gegenverkehr" nicht passieren könnte. Dazu schaukelt die Hängebrücke so kräftig, daß ich mich wie ein Seiltänzer im Gleichgewicht halten muß, um nicht ins Wasser hinabzustürzen. Danach ist der Pfad breiter und fest getrampelt, scheint also oft begangen zu werden. Doch kein Mensch begegnet mir. Und so taucht auch das Dorf vor mir ziemlich überraschend aus dem Blätterwerk einer Reihe von Laubbäumen auf. Nur die Grasdächer der Hütten ragen über den sie umgebenden hohen Zaun aus Holzstangen. Endlich kein Wellblech mehr, freue ich mich. Aber ich bin ja auch schon etliche Kilometer von Wamena entfernt.
Wo der Pfad am Zaun endet, sind Holzpfähle in die Erde gerammt, die eine Art Treppe bilden. Ich steige hinauf und bleibe oben stehen. Vor mir breitet sich eine Hoffläche aus, auf der Säue mit ihren Ferkeln in der Erde wühlen und bellende Hunde meine Ankunft melden. Auf beiden Seiten des Hofes erstrecken sich längliche Hütten, am Ende zwischen ihnen eine große runde. Die Wände der Hütten bestehen aus längs gespaltenen Baumstämmen, das Dach der Rundhütte sieht aus

Auch in Wamena im Baliem-Tal, dem Stützpunkt der Missionare mit einem Flugplatz, sieht man noch barbusige Dani-Frauen. Die traditionellen Röcke aber haben sie bereits abgelegt und gegen Stoffröcke eingetauscht. In großen Taschen aus Orchideenfasern tragen sie auf dem Rücken die Lasten zum Markt. Die einzigen „Bekleidungsstücke" der Männer sind Penisköcher aus den Spitzen einer Kürbisfrucht, mit einer Schnur aus Orchideenfasern nach oben seitwärts am Bauch angebunden. Die Mädchen tragen bis zur Hochzeit Röcke aus Pandanusblättern, danach andere aus Ketten von Kernen und Samen von verschiedenen Pflanzen.

wie eine riesige halbierte Kokosnußschale. Zwei Männer treten aus dem Rundbau. Sie mögen vierzig und fünfzig Jahre alt sein. Sie sind nackt, bis auf die traditionellen Penisköcher und die um den Hals gebundenen Lederriemen, die mich ein wenig an die Tücher der Pfadfinder erinnern. Sie blicken freundlich drein und rufen mir etwas zu. Doch der einzige Satz, den ich in ihrer Sprache beherrsche, lautet: „Ich verstehe nichts." Den rufe ich gleich zweimal. Ich steige vom Zaun herunter und stelle den Rucksack, der eigentlich ein eckiger, wasserdichter Behälter mit einem Schraubverschluß ist und sich auch auf meiner Südpazifiktour bestens bewährt hat, neben die Treppe. Dann gehe ich den Männern entgegen und gebe erst dem älteren, dann dem jüngeren die Hand. Sie drücken kräftig und ich erwidere den Druck. Doch ich weiß nicht, ob diese Art der Begrüßung auch bei ihnen Sitte ist. Doch ihre Geste deute ich richtig, mit der sie mich zum Betreten der Rundhütte einladen.

Bald finde ich heraus, daß dies ein Männerhaus ist. Unten wird palavert, oben geschlafen. Die länglichen Gebäude sind die Frauen- und Kinderhäuser. Darin sind auch die Schweine untergebracht. Im Männerhaus ist der Fußboden des Erdgeschosses höhergelegt, damit die Schweine draußen bleiben müssen.

Wie die beiden Danis setze ich mich mit untergeschlagenen Beinen, also im „Schneidersitz", auf den Fußboden. Die Männer rollen getrocknete Tabakblätter zusammen und wickeln sie dann in ein noch etwas feuchtes Blatt ein. Sie geben mir so eine Zigarre und zünden sich die ihren an. Ich bin zwar Nichtraucher, doch ich mache es ihnen nach und paffe ein paarmal in die Luft. Der scharfe Rauch zwingt mich zum Husten und ich breche den Versuch ab.

Am liebsten würde ich mich mit den Männern ausgiebig unterhalten, aber das geht ja nicht. Also schaue ich mir sie eben stumm und freundlich an. Beide sind dunkelbraun, muskulös, kein Gramm Fett zuviel auf den Rippen. Ja, sie haben ausgesprochen athletische, schöne Körper. Ihre Nasen sind flach und breit. Der jüngere hat pechschwarzes kurzes Kräuselhaar und einen schütteren Bart, der ältere eine Glatze, dafür einen dichteren Vollbart. Ihr einziges „Kleidungsstück", die über den Penis gezogene Kürbisspitze, haben sie mit einer dünnen Orchideenfaserschnur seitwärts vom Bauch hoch angebunden.

In der Hütte liegen einige Steinäxte. An den Wänden lehnen Bogen und Pfeile. Aus Orchideenfasern geflochtene Taschen hängen herunter in verschiedener Größe, entsprechend den Kürbisspitzen, für die sie gedacht sind. Aha, die Kleiderschränke der Männer, geht's mir durch den Sinn, und mein Lächeln, das andeutungsweise erwidert wird, verstärkt sich.

Eigentlich habe ich es noch nie erlebt, daß ich mich mit Menschen, die ich irgendwo auf der weiten Welt getroffen habe, überhaupt nicht verständigen kann. Und so bin ich froh, daß Lärm von draußen die stumme Raucherrunde beendet. Wir treten aus dem Haus auf den Hof, wo ein paar Frauen und viele Kinder mit dem vom Feld heimgebrachten Blattgemüse, Süßkartoffeln, Bananen und auch dicken Bananenstauden herumstehen.

Die Frauen, ältere wie jüngere, sind fast nackt. Sie tragen nur einen winzigen Rock,

Einen Tagesmarsch von dem Dorf entfernt, wo ich mit den Danis lebte, holten wir mit Kürbisbehältern Wasser zum Kochen aus einer Salzquelle. Die Kürbisfrucht liefert nicht nur Wassergefäße, sondern auch die „Männerbekleidung" in Form der Penisköcher aus den Spitzen der Kürbisse.

hergestellt aus Ketten von Kernen und Samen. Vom Rücken herunter hängen ihnen große Taschen aus Orchideenfasern, die sie mit Süßkartoffeln und Gemüse gefüllt haben.

Die Männer, die bald darauf heimkommen, schleppen große Bündel mit Feuerholz an, die sie neben dem Frauenhaus abladen. Sie sehen schon recht sonderbar aus, wie sie sich herausgeputzt haben: Bis zum Nabel herunter baumeln ihnen Krawatten, aber nicht aus Stoff, sondern aus winzigen weißen Kaurischnecken. Hunderte sind das, in Zehnerreihen auf sehr feine Schnüre aufgezogen. Auch ihre Stirnbänder sind aus denselben Schneckenketten gefertigt, hinter die sie Blüten gesteckt haben.

Ihr kurzes Kraushaar ist sozusagen noch schwärzer als schwarz, es glänzt wie lackiert und stinkt nach ranzigem Fett. Diese Wirkung erzielen die Männer, indem sie Ruß mit Schweineschmalz vermengen und von dieser Pomade reichlich ins Haar schmieren. Einer trägt einen Kranz aus roten Papageienfederchen, aus denen hinten die lange Schwanzfeder eines mir unbekannten bunten Vogels herauswächst. Alle drei haben die langen Penisköcher nach oben angebunden. Und ich frage mich, ob die Länge der Kürbisspitzen ihre männliche Potenz verraten soll.

Nun scheint die ganze Sippe beisammen zu sein. Der ältere Mann mit der Glatze stellt mich den anderen vor. Dann palavern sie eine Weile untereinander. Schließlich führt mich der Ältere, wohl das Oberhaupt, zu einem runden Haus auf der anderen Seite des Hofes, etwas kleiner als jenes, in dem wir zuvor gesessen und geraucht hatten. Die Gesten des „Bürgermeisters" kann ich nicht mißdeuten: Hier soll ich übernachten, es ist das Gästehaus.

In Jayapura, der Hauptstadt von Irian Jaya, habe ich reichlich Lebensmittel eingekauft. Einen großen Teil davon gebe ich nun dem Dorfoberhaupt. Dazu erkläre ich auf englisch und deutsch, daß er dies alles als Geschenk von mir betrachten solle. Natürlich versteht er die eine Sprache sowenig wie die andere. Darauf kommt es auch gar nicht an. Hauptsache, er versteht den Sinn meiner Worte und Gesten. Und da hat er nicht die geringsten Schwierigkeiten.

Ich fühle mich gut aufgenommen und geborgen bei diesen fast nackten Menschen, die mit der zivilisierten Welt erst im Zweiten Weltkrieg in Berührung kamen. Sie haben selber viel Krieg untereinander geführt; Krieg, der mit dem Sonnenuntergang endete; Krieg mit humanen Regeln, verglichen mit denen der „Zivilisierten"; Krieg mit fairen Waffen, wie ich sie im Männerhaus gesehen habe.

Ich setze mich mitten auf dem Hof auf einen Holzbalken und schaue dem Treiben der jetzt so friedfertigen Danis zu. Die Frauen entfachen das Feuer im Frauenhaus und fangen mit dem Kochen an. Die Kinder toben auf dem Hof herum, die Männer zerkleinern mit großen Steinäxten das Holz, das sie mitgebracht haben. Zwei von ihnen bauen neben dem Haus, in dem ich übernachten soll, ein weiteres, ebenso großes. Der Fußboden aus Bambusstangen im Erdgeschoß ist schon gelegt und befestigt, jetzt sind die Wände an der Reihe. Ausgewählte Stücke von Kiefernstämmen, die keine Aststummel haben, werden mit der Steinaxt zu groben Brettern gespalten. Nie hätte ich geglaubt, daß so schwierige

Dani-Männer schmücken sich gern und meist sehr originell: Wildschweinhauer durch die Nase geschoben, anstelle von Ohrringen ein Bambusstock.

Arbeit mit so primitivem Werkzeug getan werden kann.

Die Nacht ist kalt. Ich bin froh, daß ich den Schlafsack dabei habe, in den ich seit langem nicht mehr hineinschlüpfen mußte. In der Südsee hatte ich ihn bisher nur als Schlafunterlage benutzt. In allen Häusern brennt die ganze Nacht über das Feuer. Die Danis haben keine Wolldecken oder wenigsten warme Kleidungsstücke. Morgens rennen sie herum, um sich aufzuwärmen, die Arme über der Brust gekreuzt, die Hände auf den Schultern.

In der Frühe beobachte ich, wie Frauen getrocknete Stämme von Bananenstauden als tragbare Bündel verschnüren und Eßbares in ihre Taschen einpacken. Ich gebe den Frauen zu verstehen, daß ich sie begleiten möchte. Und sie lächeln, als ich mir einen Packen Bananenstämme auf die Schultern lade.

Es wird ein langer Marsch, und ich kann mich unterwegs nur selbst fragen, wohin und wofür wir die Last so weit schleppen. Die Frauen würden mich und ich sie nicht verstehen.

Nach etlichen Kilometern verläßt der Pfad die Ebene des Baliem-Flußtals und wird bergwärts immer steiler. Und so drückt auch der Packen auf meinen Schultern immer schwerer. Nach mehr als einer Stunde gelangen wir hoch über dem Tal zu einer Quelle, einem Tümpel. Die Frauen legen die getrockneten Bananenpflanzen ins Wasser und zerlegen sie in dicke Fasern. Dabei achten sie darauf, daß sich alle Fasern mit Wasser vollsaugen. Ich verspüre jämmerlichen Durst und will ihn gründlich löschen. Doch schon den ersten Schluck spucke ich sogleich wieder aus: Das Wasser ist salziger als die versalzenste Suppe.

Was die Frauen mit den salzwassergetränkten Bananenstaudenfasern vorhaben, erfahre ich erst ein paar Tage danach. Zunächst einmal holen sie dicke Stöcke aus dem Wald. Aus den triefenden, biegsam gewordenen Bananenfasern flechten sie riesige, schwere Zöpfe. An jedes Ende eines Stocks wird so ein Zopf gehängt, diese „Waage“ auf die Schultern gelegt und mit ihren geheimnisvollen Gewichten nach Hause getragen. Zum Glück geht es nun bergab, denn auch meine Last ist nun noch viel schwerer geworden als auf dem Hinweg.

Erst gegen Abend kehren wir müde ins Dorf zurück. Dort werden die Zöpfe, die wir auf den Stangen heimgewuchtet haben, von einer Frau wieder auseinandergenommen, die Fasern zum Trocknen über einen Zaun gehängt – wie frische Wäsche, die hier keiner kennt. Nach zwei Tagen sind die Fasern trocken. Sie werden vom Zaun abgenommen, mitten im Hof zu einem Haufen aufgeschichtet und – angezündet. Eines ganzen Tages Arbeit verwandelt sich in Asche, in nichts als ein Häufchen Asche. Diese Asche aber wird, als sie abgekühlt ist, mit den Händen sorgfältig in einen Kürbisbehälter geschaufelt und in die Küche getragen. Dort werden gerade Süßkartoffeln gekocht. Gesalzen schmecken sie natürlich viel besser. Deshalb streut die Frau etwas von der Asche in den Topf – und mir geht endlich ein Licht auf. Ich stecke den Zeigefinger in den Aschenbehälter. Was daran haftenbleibt, schmeckt wie pures Salz. Es gibt verschiedene Arten der Salzgewinnung. Die Danis, scheint mir, praktizieren die originellste.

Zurück in die Steinzeit

Bei den Yalis in den Jayawijaya-Bergen im indonesischen Irian Jaya/ West-Neuguinea

Seite 115:
Eine Stunde dauerte der Hinweg im Flugzeug eines Buschpiloten aus Wamena – einen Monat brauchte ich für den Rückweg zu Fuß. In manchen Dörfern auf meinem langen Marsch durch die 4000 Meter hohen Jayawijaya-Berge war ich gewiß der erste Weiße, der dort auftauchte. Ich lernte überaus liebenswürdige Menschen kennen, die heute noch auf der Entwicklungsstufe der Steinzeit leben, von der Außenwelt völlig abgeschnitten.

Seiten 116/117:
Wie eine Ansammlung riesiger Pilze sah dieses Yali-Dorf von einem Berg herab aus. Die runden Wände der Häuser sind aus gespaltenen Baumstämmen zusammengebunden, die Dächer mit Blättern der Pandanuspalme bedeckt.

„Los, Schimanek, weiter! Hier kannst du nicht übernachten!“ So treibe ich mich an. Schon den ganzen Nachmittag gießt es wie aus Kübeln. Ich kämpfe mich einen steilen, mit dichtem Dschungel bewachsenen Hang hoch. Der Boden ist glatt wie Schmierseife. Von Kopf bis Fuß bin ich mit glitschigem Schlamm bedeckt und habe keinen trocken Faden mehr am Leib. Zum Glück habe ich wenigstens den wasserdichten Rucksack auf diese Tour mitgenommen, dessen Inhalt trocken bleibt.

Es war gewiß die verrückteste Idee meines Lebens, mich in diesen Bergen absetzen zu lassen, viele Tagesmärsche weit von jeglicher Zivilisation entfernt. Mehr als zwei Wochen quäle ich mich nun schon durch die bis auf 4000 Meter ansteigenden Jayawijaya-Berge, die sich östlich vom Baliem-Tal bis an die Grenze zu Papua-Neuguinea hinziehen. Diese Gegend ist teilweise völlig unerforscht, weil hier auch kein Hubschrauber eine Landemöglichkeit findet. Die Berge sind mit hohem Wald und dichtem Unterholz bewachsen. Und hier leben die Yalis, ein Volk, von dem einige Stämme noch keinen Kontakt mit den Weißen hatten und am Ende des zwanzigsten Jahrhunderts auf der Entwicklungsstufe der Steinzeit stehen.

In Wamena, der kleinen Ortschaft im Hochland von West-Neuguinea, habe ich einen Buschpiloten aus Kalifornien kennengelernt, der in dieser Gegend schon seit mehr als zehn Jahren für die Missionsstation fliegt. Seit 1954 sind Missionare hier, als Vorläufer der Indonesier, welche die westliche Hälfte von Neuguinea 1963 in Besitz nahmen.

Mit Jim, der als bester Pilot weit und breit gilt, freunde ich mich schnell an. Er berichtete mir auch von den östlichen Regionen, die er schon einmal überflogen hat, von Gebieten, die noch kein Weißer betreten hat, weil sie völlig unzugänglich sind. Und er erzählt mir, daß es im Osten eine neue Notlandepiste gibt. Bei der ersten Landung kürzlich habe ein Kollege allerdings einen Crash gebaut. Er selbst traue sich aber zu, dort eine glatte Landung hinzulegen, ohne daß sich die Maschine, wie bei jenem Bruchpiloten, überschlägt. Er werde mir das beweisen, sobald er Zeit habe. Die Piste ist etwa 150 Kilometer von Wamena entfernt und liegt im Osten am Rande des Gebietes, wo die Yalis leben.

In jenen Tagen reifte in mir der Plan, der sich später als schier „unmöglich“ herausstellen sollte: nach Jims kunstvoller und hoffentlich heiler Landung in den Bergen aus dem Buschflugzeug auszusteigen und durch unerforschtes Land zu Fuß nach Wamena zurückzuwandern. Der Gedanke, Menschen zu begegnen, die noch kein Weißer gesehen hat, ließ mir keine Ruhe mehr.

Als ich die Notlandepiste aus der einmotorigen Cessna heraus erkennen konnte, wurde mir angst und bang. Unter Piste hatte ich mir eine einigermaßen ebene Landebahn vorgestellt. Doch was ich sah, war ein baumfreier, etwa 250 Meter langer Streifen auf einem Hang. Er begann an einer Felswand und endete an einem Abgrund.

Als die Cessna aufsetzte, war ich sicher, daß ihr Fahrwerk gleich abbrechen werde. Die Maschine hoppelte wie ein Hase über die Buckelpiste. Rasend schnell kam die Felswand näher, an der wir zerschellen mußten. Doch da riß Jim das Flugzeug

Mit den Yali-Männern ging ich auf Taubenjagd. Ihre Pfeile haben sie mit einem Dreizack versehen. Wildschweine erlegen sie mit Speeren. Äxte und Messer aus Feuerstein sind ihr einziges Werkzeug. Wie die Danis tragen auch die Yalis Penisköcher, sobald sie zum Mann erklärt werden, dazu „Röcke" aus Dutzenden von Ringen aus gespaltenem Bambus. In Taschen aus geflochtenen Orchideenfasern tragen sie ihre Jagdbeute nach Hause.

herum und wir kamen zum Stehen. Als ich mit weichen Knien ausstieg, hätte ich noch Zeit gehabt, zu meinem Freund zu sagen: Du, ich hab´s mir anders überlegt, nimm mich bitte wieder mit zurück. Aber nachdem er sein Meisterstück mit der schwierigen Landung vollbracht hatte, schämte ich mich, meine Angst zu gestehen vor dem Rückmarsch zu Fuß. Die lange Strecke, die unzähligen Berge, Täler, Flüsse hatte ich aus der Luft gesehen und ahnte nun, was mir bevorstand.
Noch am selben Tag stieß ich auf das erste Eingeborenendorf. Die Leute dort waren schwärzer und kleiner als ihre westlichen Nachbarn, die Danis. Die Kinder waren nackt, die Frauen trugen kurze Röcke aus Pandanusblättern, nicht größer als Bikinihöschen, sonst nichts, keinen Schmuck, keine Ohrringe. Um so prächtiger waren die Männer anzuschauen. Wie die Dani-Männer hatten auch sie Penisköcher aus Kürbisspitzen angelegt, aber noch viel länger als jene. Sie ragten einen halben Meter und mehr nach vorn, um den Bauch dutzendweise Ringe aus dünn gespaltenem Bambus. Das kam mir zunächst unpraktisch und hinderlich vor, doch später erkannte ich, daß die Bambusringe nicht nur als Schmuck, sondern auch als Schutz dienen. Durch die Nase hatten die Männer Hauer von Schweinen gezogen, auf dem Kopf trugen manche eine aus gefärbten Orchideenfasern geflochtene Mütze. Andere zierte ein Kopfschmuck aus den Barthaaren von Kasuaren, den neuguineischen Laufvögeln, oder – man staune – aus ganzen, flach gepreßten und getrockneten bunten Papageien. Einige hatten einen Bambusstock durchs Ohrläppchen gestoßen. Die meisten trugen Speere, Steinäxte oder Bogen und Pfeile in den Händen. Aber sie wirkten auf mich nicht feindselig, eher scheu. Auf indonesisch waren sie ebensowenig ansprechbar wie auf englisch.
Ich bin sicher, daß die Menschen in diesem Dorf schon Weiße gesehen haben, auch wenn ich bei ihnen kaum etwas entdecke, was auf Berührung mit der Zivilisation hindeuten konnte.

Völlig aufgeweicht, erreiche ich endlich einen Bergkamm. Es wird schon dunkel. Eilends fälle ich eine dürre Kiefer, zerhacke den Stamm und zünde ein Lagerfeuer an. In der Nässe macht es viel Mühe, das Holz zum Brennen zu bringen. Wenigstens hat der Regen aufgehört und ich kann die nassen Klamotten trocknen. Im Schein des Feuers baue ich das Zelt auf.
Für drei Wochen hatte ich Lebensmittel mitgenommen, aber ich bin damit zu sorglos umgegangen und habe das meiste vorzeitig verschenkt. Ich hatte ja nicht geahnt, daß ich für den Weg zurück nach Wamena so lange brauchen würde. Von 150 Kilometern war ich ausgegangen, aber das ist die Luftlinie, meine Marschstrecke mindestens doppelt so lang. Salz und Pfeffer habe ich noch reichlich, doch nach der Anstrengung heute bin ich so hungrig, daß ich das Gewürzsäckchen nicht auspacken mag und die gekochten Süßkartoffeln ungesalzen verschlinge.
Am anderen Morgen erblicke ich von dem Bergkamm aus in westlicher Richtung weit entfernt an einem Hang über dem nächsten Tal ein Dorf. Also breche ich bald auf und sause auch sogleich wie auf einer Rutschbahn zu Tal. Dabei verliere ich den Rucksack, der mich überholt und im dichten

Das einzige Kleidungsstück dieser Yali-Frau ist ein Minirock aus Pandanusblättern. Das große Rückennetz nimmt nicht nur die Früchte des Gartens auf, es dient auch als Schutz vor Kälte in den Abend- und frühen Morgenstunden. In den hohen Bergen war ich oft froh, daß ich eine Jacke dabei hatte, während es tagsüber oft höllisch heiß war.

Busch nur schwer wieder zu finden ist. Im Fluß bade ich zuerst, wasche Hemd und Hose aus, die ebenso wie ich selbst ganz klebrig geworden sind vor Dreck.

Dem Fluß zu folgen, ist recht schwierig, denn er fließt immer wieder durch enge Canyons. Einige Male muß ich auf die andere Seite hinüberschwimmen, wenn die eine Uferseite nicht mehr begehbar ist.

Unerwartet taucht eine primitive Brücke auf – zwei über den Fluß gelegte Stämme an einer engen Stelle, wo sich das Wasser zwischen Felsen hindurchdrängt. Der Pfad, der zu dem Steg führt, sieht aus, als werde er oft begangen. Sicher endet er in dem Dorf, das ich am Morgen in der Ferne gesehen habe.

Ich genieße es, wieder einmal festen Boden unter den Füßen zu spüren, und komme nun zügig voran, doch nicht so schnell wie die Eingeborenen: Eine Familie – Mann, Frau, Sohn und Tochter – holt mich ein. Auf dem Rücken schleppen sie große Tragetaschen aus Orchideenfasern, gefüllt mit Bananen und Süßkartoffeln. Auf dem Kopf trägt der Mann zusätzlich eine Ladung aus zerteilten roten Pandanusfrüchten. Er könnte vierzig oder fünfzig Jahre alt sein; die Leute hier sind schwer zu schätzen. Sein Penisköcher steht wohl siebzig Zentimeter vor und endet mit einem roten Fähnchen. Wieder mal etwas Neues.

Der Mann grüßt mich, und ich erwidere den Gruß so, wie ich es auf meiner Wanderung von den Yalis gelernt habe. Er staunt und fängt eifrig an zu parlieren, bis er merkt, daß ich außer dem Gruß und ein paar anderen Worten nichts von seiner Sprache beherrsche.

Gemeinsam gehen wir weiter, und bald taucht das Dorf vor uns auf. Ein Dutzend Rundhütten schmiegen sich auf eine kleine Ebene am Hang über dem Tal. Die Häuser haben einen Durchmesser von drei bis fünf Metern, die mannshohen Wände bestehen aus längs gespaltenen Baumstämmen, Blätter des Pandanusbaums bedecken die spitz zulaufenden Dächer. Aus der Vogelperspektive muß das Dorf aussehen wie eine Ansammlung von riesigen Steinpilzen. Die hohen Bananenpflanzen um die Hütten spenden Schatten, in dem ein paar Frauen mit Säuglingen sitzen. Die größeren Kinder hüpfen um sie herum. Als sie mich erblicken, bleiben sie wie erstarrt stehen und schauen mich aus großen Augen staunend an. Kein Wunder, ich bin der erste Weiße, den sie zu Gesicht bekommen.

Mein Wegbegleiter ist der Häuptling der Sippe. Er führt mich in die größte Hütte, die als Versammlungsraum dient. Seine Frau beginnt mit Hilfe anderer Frauen, eine Mahlzeit vorzubereiten. Aus einem Nachbarhaus holt der Häuptling etwas Glut und entfacht damit ein Feuer. Unterdessen bewundere ich die Schmuckstücke des Mannes; eine ganze Sammlung von getrockneten Papageien, aufgespießt auf dünne Holzstäbchen, so daß man sie leicht ins Haar stecken kann; glattpolierte Schweinehauer, manche paarweise zu einem Ring verbunden; Federkopfschmuck und Halsketten aus Kaurischnecken, dazwischen ebenfalls Stoßzähne von wilden Ebern. Auch Waffen, Bogen und Pfeile, Speere und Steinäxte in allen Größen sind in dem Haus aufbewahrt. Die Pfeile sind aus Bambusstöcken, und manche haben statt einer bloßen Spitze einen Dreizack, wie er für die Vogeljagd verwendet wird.

Mein junger Freund aus dem Dorf Kosarek wanderte mit mir mehrere Tage lang durch die Jayawijaya-Berge. Er zeigte mir primitive Holzbrücken und ersparte mir dadurch einige Durchquerungen von den reißenden Gebirgsflüssen. Die Verständigung mit ihm war so umständlich wie mit seinen Stammgenossen, doch irgendwie klappte es immer – die Sprache mit Händen und Füßen wird letztlich überall auf der Welt verstanden.

Abends sitze ich mit allen Männern des Dorfes im Versammlungshaus. Sie unterhalten sich lebhaft und wenden sich auch immer wieder an mich, als könnte ich ihre Sprache verstehen. Schließlich kriege ich mit, daß sie mich zu einer Jagd einladen wollen, bei der ein Wildschwein erlegt werden soll.

Das Zelt brauche ich nicht aufzubauen. Man stellt mir ein Gästehaus zur Verfügung. In der oberen Etage, dicht unter dem Dach, breite ich meinen Schlafsack aus. Die Nächte sind hier in mehr als 3000 Meter Höhe sehr kalt.

Mit Speeren und Bogen bewaffnet, machen sich am Morgen alle Männer auf zur Wildschweinjagd. Auch ich nehme meine Waffe mit, die Machete, die sich als sehr nützlich erweisen sollte. Auf direktem Weg steigen wir in ein Seitental zu einem Bach hinunter, der von dichtem Gestrüpp umgeben ist. Und da kommt auch schon meine Machete zu Ehren, die von allen Männern gebührend bewundert wird. Einem Jungen zeige ich, wie man damit umgeht, und mit Begeisterung schlägt er uns einen Pfad.

Wir stoßen auf Spuren von Wildschweinen, und es dauert nicht lange, bis wir auch einen großen schwarzen Eber mit beachtlichen Hauern erblicken. Er will sich davontrollen, doch als ihm zwei Männer von der Seite nahekommen, dreht er sich blitzschnell um und stürmt mit wütendem Grunzen auf uns zu. Er sieht furchterregend aus, doch er kommt nicht weit. Ein Hagel von Pfeilen und Speeren schlägt ihm entgegen, und mitten im Sprung sackt er regungslos zu Boden. Die Jäger sind glücklich. Wie die Kinder springen sie um die Beute herum. Mit den scharfen Steinmessern wird der Eber ausgenommen und abgezogen.

Der kräftigste Mann versucht dann, sich den Fleischberg auf die Schultern zu wuchten. Er schafft es nicht. Dann gehe ich in die Hocke, lasse mir das Wildschwein aufladen und richte mich mit letzter Kraft auf. Nach ein paar Schritten gehe ich jedoch in die Knie. Wieder hilft meine Machete weiter. Wie ich es einmal daheim in Europa bei einer Hausschlachtung gesehen habe, teile ich das Schwein in zwei Hälften, die nun gut zu schultern sind. Als ich die Wirbelsäule der Länge nach spalte und der Stahl die Knochen splittern läßt, kommen die Männer aus dem Staunen nicht mehr heraus. Ihre Steinäxte schaffen das nicht, und meine Machete wird von ihnen fortan als Wunderwerkzeug betrachtet.

Jubel der Frauen und Kinder empfängt uns im Dorf. Sogleich wird ein großer Steinofen aufgeheizt, und beide Schweinehälften werden zum Backen daraufgelegt. Erst spätabends ist das Fleisch außen knusprig und innen weich. Es duftet meilenweit. Der Häuptling schneidet zuerst eine Hinterkeule ab und reicht mir das beste Stück Fleisch auf einem Bananenblatt. Diese geradezu feierliche Geste rührt mich zutiefst. Was dann folgt, ist eine Freßorgie für alle.

Der Weg nach Wamena ist noch lang, und so bin ich frühmorgens bereits wieder marschbereit. Zum Abschied sind alle versammelt, und es gelingt mir, diesen Steinzeitmenschen mit einem Stück scharfem Stahl unerwartete und in allen Gesichtern ablesbare Freude zu bereiten. Wenn sie mit der Steinaxt Bäume fällen können, dann kann ich das auch, denke ich. Und so überreiche ich dem Häuptling meine Machete und bitte ihn dafür um eine Steinaxt.

Wie der Tadschike Fjodor zu seinem Russennamen kam

Bei den Hochlandbauern im Serawschan-Tal in den tadschikistanischen Alai-Bergen

Seite 125:
Bei der Fahrt quer durch die ehemalige Sowjetunion begegnete ich im Serawschan-Tal in Tadschikistan gerade zurückgekehrten Bauern. Sie waren von den Stalinisten aus den Bergen ihrer Heimat auf die Baumwollfelder in den Ebenen verschleppt worden und durften erst Anfang der neunziger Jahre wieder heimkehren.

Seiten 126/127:
Ohne die Bewässerungsanlagen gerieten die Täler der Alai-Berge zur Wüste. Mühsam wurden die Kanäle angelegt, um die Felder zu benetzen. Jetzt sind die Bewohner am Serawschan-Fluß von der Versorgung von außen unabhängig und leben bescheiden, aber zufrieden dort, wo die Vorfahren ihrer Sippe geboren worden sind.

Wie eine silberne Schlange kringelt sich der Serawschan in seinem breiten Bett zwischen den Sandbänken. Oberhalb des Flusses erstrecken sich künstlich bewässerte, grüne Terrassen. Begrenzt werden sie von steilen, wüstenartigen Hängen, deren Kämme mit ewigem Schnee bedeckt sind. Der Karrenweg, auf dem wir fahren, zieht sich zuerst am Fluß entlang, steigt dann plötzlich steil an und ist als Kerbe in den Fels gehauen. Nach einer überbrückten engen Schlucht, durch die ein Gebirgsbach hinunterstürzt, klettert der Weg am Gegenhang hoch und erreicht schließlich eine der bewirtschafteten Terrassen.

„Die nächste Brücke sieht gut aus!" rufe ich Lumír zu, der unseren Expeditionslastwagen steuert. Ich war mit dem Geländemotorrad zur Erkundung vorausgefahren. „Nur der Weg ist verdammt eng. Da mußt du auf der Hut sein!"

Den Menschen, die im oberen Serawschan-Tal leben, ist ein kühnes Bauwerk geglückt. In die Felswände des Canyons, gut hundert Meter über dem Flußlauf, haben sie den Weg geschlagen. Sie konnten ja nicht ahnen, daß außer Ochsenkarren jemals auch ein Lastkraftwagen hier herauffahren würde.

Aus dem Camperaufbau unseres Wagens hole ich den Zollstock und messe die Breite des Weges. Immerhin: Er mißt zehn Zentimeter mehr als der Abstand zwischen den Außenkanten des linken und des rechten Stollenreifens. Es könnte also hinhauen.

Der linke Außenspiegel wird weggeklappt, und Lumír fährt im Schrittempo hinter mir her. Auf der Fahrerseite schrammt der Aufbau des Wagens beinahe die Felswand. Wie lange das wohl gutgeht? Uns zieht es mit Macht hinauf zu dem Gletscher, dem Ursprung des Flusses, der tief unter uns fließt. Doch der Weg dorthin ist noch weit mehr als hundert Kilometer lang, und die gleiche Strecke haben wir bereits hinter uns.

Ich fahre mit dem Geländemotorrad voraus, bleibe aber immer wieder stehen und vergewissere mich, ob mit dem Lkw alles in Ordnung ist. Dabei achte ich darauf, ob Lenka den Kopf durchs Luk des Führerhauses hinausstreckt, um mir bei kritischen Situationen etwas zuzurufen. Von Zeit zu Zeit gibt sie auch Lumír von ihrem „Beobachtungsturm" aus Anweisungen, wenn der Aufbau die Felsen zu streifen droht.

Plötzlich erkenne ich etwas, was weder Lumír noch Lenka sehen können.

„Los, gib Gas!" schreie ich erregt und angstvoll und winke heftig.

Und jetzt merkt auch Lumír, daß ihm das rechte Hinterrad wegsackt. Der Straßenrand beginnt zu reißen. Zuerst ist es nur eine kleine Steinlawine, die zum Fluß hinunterstürzt. Doch dann bricht der ganze Rand ab.

In letzter Sekunde bekommt das Auto wieder festen Boden unter die Räder. Ich wische mir den kalten Schweiß von der Stirn. Unmittelbar hinter dem Wagenende fehlt auf der rechten Seite ein langes, fast ein Meter breites Stück von der Fahrbahn, als wäre es von einer Riesenhand herausgerissen worden.

Lenka und Lumír springen aus dem Führerhaus und blicken sich fassungslos um. Lenkas erste Worte: „Oh Gott, was machen wir jetzt?"

Ich weiß es auch nicht. Der Weg zurück in die Zivilisation ist uns jedenfalls versperrt. Aber ich sage lieber nichts. „In die Wand

Mit den drei Enkelinnen des Dorfoberhaupts Fjodor Alexandrowitsch arbeiteten wir auf dem Feld. In einer Höhe von fast dreitausend Metern behackten wir Kartoffelpflanzen und pflückten dann Aprikosen.

muß man eine Einbuchtung sprengen. Das ist die einzige Lösung." Lumír sagt es so, als ob wir eine Kiste Dynamit dabei hätten. „Wir fahren weiter. Das nächste Dorf kann nicht mehr weit sein. Dort sprechen wir mit dem Oberhaupt", schlage ich vor.

Es dauert nicht mehr lange, bis wir eine breite ausgedehnte Terrasse erreichen. Welch ein Kontrast zu der Steinwüste ringsum: Saftig grüne Felder, zwischen denen Bewässerungskanäle das Wasser aus einem Bach über die ganze kultivierte Fläche verteilen. Hauptsächlich Kartoffeln werden hier angepflanzt. Am Ende der Terrasse sind zwischen Pappeln einige Häuser zu erkennen.

Kein Mensch scheint im Dorf zu sein, als wir ankommen. Die Häuser sind aus Lehmziegeln gebaut, auf ihren Flachdächern liegt eine dicke Lehmschicht. Sie läßt kein Wasser durch, hält im Winter die Kälte und im Sommer die Hitze ab. Auf den Dächern sind Aprikosen und Moruschen, die Früchte des Maulbeerbaums, zum Trocknen ausgelegt. Neben den Häusern ist Brennholz säuberlich aufgeschichtet. Hühner rennen herum, Enten und Gänse planschen in einem Bach, der am Weg entlangfließt.

Zuerst entdecken uns ein paar Kinder. Doch als wir auf den Dorfplatz fahren, erwarten uns dort schon gut zwei Dutzend Menschen. Sie schauen uns an, als kämen wir direkt von einem anderen Stern.

„Wo finde ich das Dorfoberhaupt?" frage ich. „Da drüben." Man deutet auf einen älteren Mann im schwarzen Chalat, einem wattierten langen Mantel, wie ihn die Tadschiken zu jeder Jahreszeit tragen, mit der Tjubetejka auf dem Kopf, einer schwarzen, weißbestickten eckigen Kappe. Dazu trägt der Dorfbürgermeister hohe Stiefel. Er schaut mich ebenso freundlich an wie seine Mitbürger.

Wenig später erfährt er dann von mir, daß wir den Weg ins Dorf kaputtgefahren haben. Und er zuckt sichtlich zusammen. Verständlich, denn nun ist die einzige Verbindung des Dorfes zur Außenwelt unterbrochen. Als ich eilends hinzufüge, daß nicht ein Stück Weg auf der ganzen Breite, sondern nur der Rand abgestürzt sei, gewinnt der Alte die Fassung wieder, sein Gesicht hellt sich auf.

Er gibt die Anordnung, die Pferde einzuspannen und einen Wagen mit Werkzeug zu beladen. Alle Männer im Dorf, wohl ein Dutzend, hätten mitzugehen. Auf seinem schwarzen Roß reitet das Oberhaupt voraus. Lenka bleibt im Dorf, Lumír und ich fahren mit den anderen auf dem Planwagen zu der Abbruchstelle.

Nach einer Stunde erreichen wir den Canyon. Fjodor Alexandrowitsch, so heißt das Dorfoberhaupt, besieht sich den Schaden und meint: „So schlimm ist das nicht. Heute abend wird der Weg wieder in Ordnung sein."

Er veranlaßt das, was auch Lumír vorgeschlagen hatte: In die Felswand soll eine Einbuchtung getrieben werden, aber nicht mit Dynamit, sondern mit der Spitzhacke. Zum Glück ist das verwitterte Gestein bröselig und läßt sich abschlagen. Alle Männer, auch Fjodor Alexandrowitsch, greifen zum Werkzeug und arbeiten, daß ihnen der Schweiß herunterrinnt. Es wird schon dunkel, als die letzte Schippe voll Gestein in die Fluten des Serawschan hinunterfliegt.

Beim Mondschein kehren wir ins Dorf zurück. Aus dem Lastwagen hole ich den Karton mit Wodka und gebe jedem Mann

Lebensfreude strahlt nicht nur von den Kindern, sondern auch von ihren Eltern und Großeltern im Tal des oberen Serawschan-Flusses aus. Auf ihren künstlich bewässerten Feldern pflanzen sie alles, was sie zum Leben brauchen. Auf den Weiden grasen Kühe, und die Berghänge fressen ihre Schafherden ab. Von den Bergen hinab in die von ihnen verhaßte Tiefebene kommen sie heute kaum noch.

eine Flasche. Das ist ihnen der liebste Lohn für die schwere Arbeit. Aus Getreide hergestellter Wodka ist hier eine Rarität, die man in der Stadt nur unter dem Ladentisch bekommt. Und die nächste Stadt ist für die Leute aus dem Dorf drei Tagesreisen entfernt. Außerdem kostet der Wodka dort viel Geld.

Lenka ist nicht am Dorfplatz, nur unser Hund ist am Lastwagen angeleint. Kinder sagen mir, daß Lenka mit Tina, der Frau des Dorfoberhaupts, weggegangen sei. Fjodor Alexandrowitsch lädt uns zu sich nach Hause ein, wo wir auch Lenka finden. Sie hilft in der Küche beim Vorbereiten des Abendessens. Die Konserven hat sie aus unserer „Vorratskammer". Für uns wird es eine alltägliche Mahlzeit, für Fjodor Alexandrowitsch und seine Familie aber ein Festessen.

Wir werden gebeten, etwas über uns und unsere Reise zu erzählen. So erfahren unsere Gastgeber, daß wir seit Anfang Mai quer durch Rußland auf Achse sind und daß sich unsere Reise bis zum Winter hinziehen wird.

Und dann frage ich das Dorfoberhaupt, wie er eigentlich zu seinem typisch russischen Namen gekommen sei, obwohl er doch ein asiatischer Tadschike sei, die mit den Russen ethnologisch nichts gemeinsam haben. Die Antwort ist eine lange Geschichte, aber nicht nur die von Fjodor Alexandrowitsch, sondern auch von den anderen Dorfbewohnern.

Im Zweiten Weltkrieg fing ihr Leidensweg an. Die russischen Arbeiter auf den Baumwollfeldern in den Ebenen des Syrdarja-Flusses mußten damals an die Front und es mangelte an Arbeitskräften. So wurden die Bauern selbst in den verstecktesten Winkeln des einstigen sowjetischen Riesenreichs gewaltsam von den Stalinisten aus ihren Bergdörfern zur nächsten Straße getrieben und auf Lastwagen in die Ebenen verfrachtet. Wie einst die Sklaven in Amerika mußten sie dort auf den Baumwollfeldern schuften. Die Rückkehr in ihre Bergheimat wurde ihnen erst kurz vor dem Zerfall der Sowjetunion erlaubt. Als Zwangsarbeiter der Sowjets bekam unser Gastgeber wie die anderen seinen russischen Namen, da sein ursprünglicher für die Aufpasser schier unaussprechbar war. Und so hieß der Vater von einem Tag zum anderen Alexander und sein Sohn Fjodor Alexandrowitsch, also Sohn des Alexander.

Als der letzte UdSSR-Staatschef Gorbatschow demokratische Reformen einleitete, durften die Vertriebenen endlich wieder heim in ihre angestammten Dörfer. Doch was sie dort vorfanden, war zum Heulen. Die Arbeit von Generationen war vernichtet, die Häuser waren geplündert und zerfallen, die Bewässerungsanlagen zerstört, die Felder überwuchert. Trotzdem blieben die alten Dörfler hier, auch ihre Kinder und Enkel, die in der Verbannung geboren worden waren und die Heimaterde nie betreten hatten. Mit viel Energie machten sich alle an die Aufbauarbeit, und jetzt sieht das Land wieder aus wie damals, als sie es verlassen mußten.

Gestenreich entschuldigt sich Fjodor Alexandrowitsch, daß er nur ein Zimmer für Gäste habe. Und obwohl wir gar nicht die Absicht hatten, im Dorf zu übernachten, müssen wir sein Angebot annehmen.

Wir entschließen uns, einen Tag zu bleiben und Tina bei der Feldarbeit zu helfen, was dankbar angenommen wird. Von drei Enkelkindern, im Alter von 13, 14 und 16

Nirgendwo sonst verbreitete ich mit meiner Fotokamera so viel Freude wie im Dorf des Fjodor Alexandrowitsch. Alle, von den Jüngsten bis zu den Ältesten, mußte ich porträtieren. Doch, wenn ich strahlende Gesichter aufnehmen wollte, mußte ich zweimal den Auslöser betätigen. Erst nach dem ersten Klick löste sich die Spannung. Nun hängen viele Bilder, die ich gemacht habe, an den Wänden in ihren Häusern. Viele aber blieben auch in meiner Schublade liegen und nur die hübschesten rücke ich heraus.

Jahren begleitet, gehen wir mit Schaufeln und Hacken auf die Felder. Die Mädchen tragen dasselbe wie ihre Großmutter: lange, selbstgenähte Kleider, bunte Kopftücher und alte Gummistiefel. Alle drei haben die schwarzen Haare zu Zöpfen geflochten.

Zuerst befreien wir die Bewässerungsgräben vom Schlamm, und dann hacken wir die Kartoffelpflanzen. Damit sind wir bis zum Nachmittag beschäftigt. Danach pflücken wir Aprikosen. Die Bäume sind alt, sicher von den Urgroßvätern gepflanzt. Und die Früchte sind sehr klein, dafür überaus aromatisch. Sie schmecken viel besser als die nur auf Aussehen und Größe gezüchteten faden Aprikosen, die man üblicherweise in Europa kauft. Eine Reihe mächtiger Maulbeerbäume hält die Fallwinde von den Bergen ab und verhindert, daß der Mutterboden von den Feldern weggeweht wird. Die Maulbeerbäume sind voll von Moruschen, die wie Himbeeren aussehen. Zwei Sorten gedeihen hier, weiße und schwarze, beide gleich süß.

In der Küche wird am Abend ein frisch geschlachtetes Lamm zerteilt und mit Reis und kleingehackten Möhren in einem großen Kessel gekocht. Plow heißt dieses traditionelle Gericht, das nur zu besonderen Anlässen zubereitet wird. Unser Besuch ist so ein besonderer Anlaß.

Ein Plow-Essen ohne Lepjoschki, die großen, dicken Fladenbrote, ist undenkbar. Und sie müssen ofenfrisch sein. In dem Lehmofen, der wie ein Zuckerhut aussieht, brennt schon das Feuer. Es ist der eigenartigste Ofen, den ich je gesehen habe. Durch die ovale Öffnung kann ich hineinschauen. Drinnen ist es heiß wie in der Hölle, als das Kleinholz zum Anheizen niedergebrannt ist. Die glühenden Reste werden herausgefegt und die Fladen, die mit spitzen Hölzchen liebevoll verziert sind, auf die heißen Innenwände geklatscht, wo sie kleben bleiben. Die Ofenöffnung wird dann sogleich sorgfältig zugedeckt und abgedichtet. Nach einer halben Stunde beobachte ich Tina, wie sie am Ofen steht und aufmerksam lauscht. Plötzlich öffnet sie ihn und holt die Brote heraus – aber nicht von den Wänden, sondern vom Boden. Dieser traditionelle Backofen arbeitet nämlich „vollautomatisch“. Sind die Brote fertig gebacken, fallen sie von allein von den Wänden. Man hört’s und holt sie heraus.

Das Plow wird in einer großen Schale serviert, obenauf schwimmt eine dicke Fettschicht. Gegessen wird mit den Fingern, von denen das Fett heruntertrieft. Es schmeckt gut, aber für einen Mitteleuropäer ist solche Kost zu schwer. Diesmal trinke ich zur besseren Verdauung gerne auch ein Glas Wodka aus unserem Vorrat.

Mit den Hühnern stehen wir auf, verabschieden uns von unseren Gastgebern und versprechen, auf dem Rückweg wieder bei ihnen einzukehren.

Wir kommen nur langsam voran, diesmal nicht wegen dem schlechten und schmalen Weg, sondern wegen dem Plow von gestern abend. Immer wieder müssen wir anhalten, und einer nach dem anderen verduftet so schnell wie nur möglich hinter dem nächsten Busch. So fettes Essen verträgt halt nicht jeder.

Wo die Kühe am Gletscherrand weiden

Bei den russischen Cowboys im Zelentschuk-Tal im europäischen Westkaukasus

Seite 135:
Im hintersten Winkel Europas trafen meine Frau und ich auf einer Hochalm im Westkaukasus eine Familie, die schon seit drei Generationen in den Bergen lebt. Mit Wolodja, dem ältesten Sohn, ritten wir durch dieses private Reich. Stolz zeigte er uns die Rinder, die sich der Höhe und dem rauhen Klima angepaßt haben. Die Herde bildet die Ernährungsgrundlage für die Familie. Überwiegend leben sie als Selbstversorger.

Seiten 136/137:
Die ausgedehnten Weiden der Familien-Alm erstrecken sich bis zum Rand der Gletscher, die von den Nordhängen des Kaukasus herunterhängen. Hinter dem fast 4000 Meter hohen Hauptgebirgskamm liegt das asiatische Grusinien.

„Halt! Zurück! Die Brücke bricht!" rufe ich aus Leibeskräften meinen Freunden am anderen Ufer zu. Mit unserem Expeditionslastwagen sind sie dabei, den Zelentschuk-Fluß zu überqueren. Als ob er die Gefahr geahnt hätte, haut Lumír blitzschnell den Rückwärtsgang rein. Der Wagen macht geradezu einen Sprung zurück von der einstürzenden Brücke. Das morsche Bauwerk, das gewiß noch aus der Zarenzeit stammt, kracht mit Getöse in die Frühjahrsfluten des Gebirgsflusses.
Ohne zu ahnen, daß es ein paar Flußbiegungen weiter oben einen Fußgängersteg gibt, springe ich in voller Montur ins eiskalte Wasser und schwimme zu den Freunden zurück. Dort empfangen mich heftige Vorwürfe. Ich hatte nämlich zuvor die Brücke für befahrbar erklärt, da ich schließlich nicht wissen konnte, daß die Holzwürmer sie längst zernagt hatten. Nun sieht es so aus, als ob auch unser Plan, den Hauptgebirgskamm des Kaukasus von Europa nach Asien auf einer mehrtägigen Bergtour zu überschreiten, zusammen mit der Brücke ins Wasser gefallen wäre.
Mindestens zwanzig Kilometer hätten wir auf dem Karrenweg noch fahren können und wären den Gletscherbergen beträchtlich nähergerückt. Jetzt aber müssen wir auf der Westseite des Flusses unser Lager aufschlagen und uns überlegen, wie unsere Tour überhaupt weitergehen soll.
Vor uns öffnet sich das Zelentschuk-Tal. Auf den saftig-grünen Wiesen blüht der Löwenzahn, wilde Kirschbäume haben ihr weißes Kleid angelegt, die Hänge sind mit Kiefern und Fichten dicht bewachsen. Über den Wäldern steigen die fast 4000 Meter hohen Gipfel des kaukasischen Hauptgebirgskamms auf, von denen Gletscher weit herunterfließen. Die Abendsonne taucht das überwältigende Bergpanorama in rötliches Licht.

Vom Frühjahr bis zum Winter waren Lenka, Lumír und ich mit dem geländegängigen Lastwagen unterwegs, von den Karpaten bis zum Baikalsee. Auf der Suche nach der Ursprünglichkeit, dem Einklang von Mensch und Natur. So heißt auch der Untertitel des Buches, das ich über diese Expedition veröffentlicht habe.

Am Morgen nach dem Brückeneinsturz fahre ich mit unserem Geländemotorrad, mit dem ich oft die Befahrbarkeit von Wegen für den Lkw vorweg erkunde, weiter flußaufwärts. Bald entdecke ich eine sonderbare Brücke. Sie besteht aus einer einzigen, allerdings mächtigen Fichte, die an einer Engstelle über den Fluß gelegt wurde. Auf den Stamm sind rohe Bretter genagelt, damit der Gehweg eben und breiter wird. So läßt sich der Fluß auch mit Pferden, freilich ohne Karren, überqueren, und natürlich auch mit dem Motorrad. Also kommen wir doch weiter, wenn auch nur zu zweit. Lumír ist bereit, mit dem Lastwagen zurückzubleiben und auf uns zu warten.
Lenka und ich lösen uns beim Steuern des Motorrades ab. Kojuk, unser Hund, rennt hinter uns drein. Als wir die Wiesen hinter uns lassen, steigt der Weg immer steiler durch einen Kiefernwald an. Schließlich wird es sogar dem Motor zu viel, und wir müssen absteigen. Ich binde den Rucksack auf dem Sattel fest, drücke den ersten Gang hinein und laufe neben der Maschine her. Lenka kann das Tempo nicht lange mithalten und bleibt keuchend zurück. Der

Nur anders angezogen als seine amerikanischen Kollegen ist Wolodja, der russische Cowboy. Sonst aber gleicht seine Arbeit, die er mit seinen Schwägern teilt, jener im „Wilden Westen". Und was dort nach Feierabend der Whisky, ist hier ein Glas vom selbstgebrannten Wodka.

Hund hat wieder einmal die beste Kondition. Zum Glück hat der Steilhang bald ein Ende, der Wald wird lichter, und vor uns breiten sich wieder Wiesen aus. Der Bergsattel, über den wir die Grenze zwischen Europa und Asien überqueren wollen, um weiter nach Grusinien zu gelangen, baut sich jetzt schon zum Greifen nahe vor uns auf.

Nun sehen wir auch, wo der Karrenweg hinführt. Fast am Gletscherrand duckt sich eine Alm, die aus zwei Wohngebäuden und mehreren Ställen besteht. Auf den saftigen Frühjahrswiesen ringsum weiden viele Kühe. Zwei Männer entdecken uns und reiten uns entgegen.

„Wohin wollt ihr? Mit dem Motorrad kommt ihr nicht mehr weit!" Der Mann spricht russisch, zwar mit Dialekt, aber wir verstehen ihn ganz gut.

„Das glaube ich gerne", antworte ich lachend. Natürlich weiß ich, daß man mit dem Motorrad nicht über den Paß fahren kann.

„Wir werden die Maschine irgendwo abstellen und auf dem Rückweg wieder mitnehmen. Eigentlich hatten wir mit unserem Lastwagen hier heraufkommen wollen, aber drunten im Tal ist die Brücke zusammengekracht."

„Die war ja auch uralt. Ich habe oft Angst gehabt, wenn ich mit dem Pferdewagen rüber mußte. Nun müssen sie endlich eine neue Brücke bauen."

„Wollt ihr mit uns kommen?" fragt der zweite Mann, der bisher geschwiegen hatte. „Bei uns könnt ihr auch das Motorrad einstellen."

Sie reiten uns voraus, und als wir die Häuser erreichen, sind wir auch schon von Kindern umringt. Besucher, und gar noch aus dem fernen Ausland, sind hier oben nicht alltäglich. Die Männer binden ihre Pferde an und geleiten uns in die Stube. Aus einem Stall eilen zwei junge Frauen herbei. Im Hausgang ziehen sie die verschmutzten Gummistiefel aus, schlüpfen in selbstgemachte Holzschuhe, wechseln die Schürzen und nehmen die Kopftücher ab. Man sieht, daß es Schwestern sind.

Ihre Männer setzen sich an den großen, schweren Eichentisch, der sicher schon einigen Generationen gedient hat. Aus dem Samowar, dem traditionellen russischen „Selbstkocher", der auf dem Schrank steht, gießt uns Marusja Schwarztee ein. Vera, die jüngere Schwester, holt Hefegebäck aus der Speisekammer.

Und dann müssen wir erzählen, woher wir kommen und was wir vorhaben. Alle vier wundern sich, daß wir so gut russisch sprechen. Lenka sagt ihnen, daß wir es acht Jahre in der Schule gelernt haben.

Bald erfahren wir auch die Familiengeschichte unserer Gastgeber. Ihre Urgroßeltern und Großeltern haben die Viehwirtschaft hier oben aufgebaut. Wolodja, der älteste von drei Enkelkindern, und seine beiden Schwestern, die jetzt die Alm bewirtschaften, haben ihre Lebenspartner in Archis gefunden, dem nächsten Dorf in etwa dreißig Kilometer Entfernung. Wie ihre Vorfahren leben sie von der Rinderzucht.

Die Alpe liegt mehr als 2000 Meter hoch. Im Winter ist sie von der Außenwelt völlig abgeschnitten, auch im Sommer verirrt sich kaum einmal jemand hier herauf. Mit dem Pferdewagen bringen die Leute von der Hochalm Milch und Eier ins Dorf hinunter und treiben auch das zum Schlachten bestimmte Vieh dorthin. Vom Erlös kön-

Eine ganze Schar von blonden Mädchen und Jungen, die Kinder von Wolodjas Schwestern Marusja und Vera, zeigten uns alles, was auf der Alm sehenswert ist, von den gehätschelten Haustieren bis zu dem kärglichen Spielzeug, das die Kinder besitzen. Die Kekse und die Schokolade, die wir ihnen spendierten, wurden freudig, wie eine Weihnachtsbescherung, entgegengenommen.

nen die drei Familien samt ihren alten Eltern und einem Haufen noch kleiner Kinder bescheiden, aber gesichert leben.

Gerne nehmen wir Wolodjas Angebot an, mit ihm hinauszureiten, um die Gegend kennenzulernen. Und dankbar sind wir auch für die Möglichkeit, auf der Alm zu übernachten. Sonst hätten wir irgendwo unterhalb der Paßhöhe das Zelt aufbauen müssen. Statt dessen werden wir lieber früh aufstehen und abends jenseits des Passes in einem geschützten Tal zelten.

Es macht mir Spaß, nach langer Zeit wieder einmal auf einem Pferd zu sitzen und über die ausgedehnten Wiesen und Weiden zu reiten. Lenka hat einige Mühe, hält sich aber tapfer im Sattel, so daß wir bald den Gletscherbruch erreichen. Blau leuchtet das ewige Eis, das nicht mehr mit Schnee bedeckt ist. Wolodja zeigt uns den Aufstieg zum Paß und wir folgen ihm, bis die Pferde bis zum Bauch im Schnee stecken. Ein Rudel Steinwild galoppiert dicht an uns vorbei den Hang hinunter. Einige Böcke tragen gewaltige Hörner – ein Traum für Trophäenjäger, die zum Glück noch nicht hier heraufgefunden haben. Von den Almbewohnern jagt keiner.

Erst am späten Nachmittag sind wir wieder unten bei den Weiden und helfen Wolodja, die Rinder ins Gehege zu treiben. Nachts bleiben sie nicht draußen; die Wölfe würden die Jungtiere reißen. Bis an die Häuser wagen sie sich nicht.

Mit uns kommen auch Wolodjas beide Schwäger mit dem Vieh heim. Alle drei Frauen kümmern sich um unser leibliches Wohl. Auch die alten Eltern erscheinen in der Stube. Ein Leben voll harter Arbeit hat sich in ihre Gesichter eingekerbt. Doch sie machen einen recht gesunden Eindruck. Außer Mehl, Zucker und Salz werden alle Lebensmittel selbst erzeugt – naturrein.

Marusja bringt zum Abendessen eine gebratene Gans auf den Tisch, die sie sicher nur unseretwegen geschlachtet hat. Die geradezu sprichwörtliche russische Gastfreundschaft haben wir schon öfters erleben dürfen. Hier oben übertrifft sie sich noch einmal selbst.

In der Nacht bleibt mir Zeit zum Nachgrübeln, wie wir uns ein wenig revanchieren könnten. Wir hatten nicht damit gerechnet, in den kaukasischen Bergen menschliche Lebewesen anzutreffen, und deshalb auch keine Geschenke mitgenommen. Aber wir haben reichlich Proviant dabei und können davon abgeben. So entschließen wir uns für eine Tagestour über den Grat des Hauptgebirgskamms, direkt an der grusinischen Grenze entlang mit ständigem Blick mal nach Europa, mal nach Asien. Und diese improvisierte Tour gefällt mir inzwischen besser als jene, die wir ursprünglich geplant hatten.

Nach unserer Rückkehr auf die Alm packen wir alles aus, was uns an Lebensmitteln übriggeblieben ist. Die Begeisterung der Kinder über so unbekannte Genüsse wie Kekse und Schokolade ist grenzenlos.

Erst in der Dunkelheit erreichen wir unser Expeditionsfahrzeug wieder. Lumír sitzt mit einem jungen Mann am Lagerfeuer. „Gut, daß ihr schon zurück seid“, freut er sich. „Heute sind hier Schäfer mit einer großen Herde vorbeigezogen. Nikita ist einer von ihnen. Sie treiben die Schafe in das Quellgebiet des Zelentschuk, wo sie eine Alm haben. Sie wollen uns Pferde leihen, und wir können ein Stück mit ihnen reiten.“

Seite 143:
Sascha und Boris heißen die jüngsten Schäfer, die mit ihren älteren Brüdern die Herde bis zu den Nordflanken des Westkaukasus hinauftreiben. Die Ferien verbringen sie am liebsten dort, in einer herrlichen, unzerstörten Natur.

Seite 144:
An der Küste des Nordpazifiks sind die Sonnenaufgänge eine Symphonie aus Licht und Farben.

Zu Fuß eilen wir am andern Morgen den Schäfern nach, die wir bald erreichen. Fünf Männer treiben die Herde, die mehrere hundert Tiere zählt. Hinter ihnen fährt der Planwagen, den zwei Pferde ziehen – ein Bild wie aus dem Wildwestfilm. Ein Fohlen springt um die Mutter herum, die als Zugtier eingespannt ist.

Nikita stellt uns seine Freunde vor, richtige Naturburschen, jüngere und ältere, und allesamt Junggesellen. Dem Kolchos in Archis, einer landwirtschaftlichen Genossenschaft also, gehört die Herde, wo sie auch überwintert. Den ganzen Sommer lang aber sind die Männer mit den Schafen im Hochgebirge, wo jetzt gerade die Weiden schneefrei geworden sind. Im Winter schlagen sich Nikita und seine Freunde mit Gelegenheitsarbeiten durch. Sie lieben ihr freies Leben als Schäfer und freuen sich jedes Jahr auf den Frühlingstag, an dem sie wieder in die Berge hinaufziehen können.

Die Reservesattel werden für uns aus dem Wagen geholt und die Pferde aufgezäumt. Die Lebensfreude der Männer wirkt ansteckend, und so reiten wir, jauchzend wie sie, hinter ihnen her.

Etwa zehn Kilometer von unserem Auto entfernt schlagen wir das Nachtlager auf. Die Rucksäcke mit den Zelten und Schlafsäcken hatten wir auf den Pferdewagen gepackt. Im Fluß fangen wir in kurzer Zeit mehr Forellen als wir zum Abendessen verzehren können. Auch Kojuk bekommt seine Portion davon.

Nach dem Essen lassen wir am Lagerfeuer eine Wodkaflasche kreisen. Wir haben in unserem Proviant reichlich Wodka dabei, der sich als Zahlungsmittel auf einer Rußlandreise bestens bewährt. Sascha packt die Balalaika aus. Er spielt gut und singt noch besser. Es sind alte, traurige Lieder, aber auch flotte, lustige Tanzweisen. Nur wenige Völker singen so gern wie die Russen, und wenn die Stimmung steigt, wird Kasatschok getanzt.

Gegen Mittag erreichen wir anderntags die Alm. Zuerst wird die Hütte gründlich gelüftet und alles hinausgekehrt, was die Mäuse den Winter über auf dem Fußboden hinterlassen haben. Dann helfen wir beim Reparieren der alten Backstube und zünden den Ofen an. Als das Holz niedergebrannt ist, fegen wir die Glut aus dem Backofen und legen die ersten Brote in Strohkörbchen in die glühende Hitze hinein. Das Mehl und angesetzten Sauerteig haben die Schäfer mitgebracht. Auf den leckeren Schafskäse müssen wir leider verzichten, dafür hätten wir länger hier oben bleiben müssen.

Wenigstens einen Vormittag lang genießen wir noch die majestätische Bergwelt. Das junge Gras der Wiesen geht über in Eis und Schnee. Wir sind unmittelbar unterhalb der Felswände des kaukasischen Hauptgebirgskamms, in der hintersten Ecke Europas. Jetzt verstehe ich auch, warum die Männer im Frühjahr so gern das dörfliche Leben mit der Einsamkeit der Berge vertauschen. Die Stille wird nur vom Pfeifen der Murmeltiere unterbrochen, ein Adler kreist über ihnen und sucht sich seine Beute aus.

Leosch Schimanek

»Land und Leute
wollte ich kennenlernen. Also suchte ich die
Einheimischen immer wieder auf,
lebte mit ihnen und versuchte, mehr über ihre
Gebräuche und Sitten
zu erfahren.«

1. KAP.
2. KAP.
3. KAP.
4. KAP.
5. KAP.
6. KAP.
NORD-
AMERIKA
SÜD-
AMERIKA
PAZIFISCHER OZEAN
ATLANTISCHER OZEAN
Polynesien
Königin-Elisabeth-Inseln
Ellesmereland
Magnetischer Nordpol
Banks-I.
Parry-Inseln
Kap Barrow
Victoria-I.
Boothia-H.-I.
Baffininsel
Baffin-bai
Grönland
Davisstr.
Nördl. Polarkreis
Beringstr.
Yukon
Mt. McKinley
Alaska
Nunivak-I.
Aleuten
Alaska-H.-I.
Kodiak-I.
Golf von Alaska
Aleutengraben
Mackenziegeb.
Yellowknife
Gr. Sklavensee
Hudson-bai
Hudson-Str.
Ungava-H.-I.
Labradorsee
Labradorstrom
Nuuk (Godthåb)
Kap Farvel
Dänemarkstr.
Ostgrönlandstrom
Reykjavík
Island
Färöer
Jan Mayen
Orkney-In.
Hebriden
Britische Inseln
Dublin
London
Peace River
Kgn.-Charlotte-In.
Edmonton
Mt. Robson
Calgary
Vancouver
Vancouver-I.
Seattle
Mt. Rainier
Winnipeg
Winnipegsee
Nelson
Kanadischer Schild
Labrador
Oberer See
Québec
St.-Lorenz-Strom
Neufundland
Kuro-Schio-Drift
Rocky Mountains (Felsengeb.)
Kaskadenkette
Küstenkette
Great Plains
Minneapolis
Michigansee
Huronsee
Ottawa
Montreal
Toronto
Halifax
Nordatlantischer Strom
(Golfstrom)
Großes Becken
Salt Lake City
Denver
Chicago
Detroit
Eriesee
Boston
New York
Philadelphia
Baltimore
Washington
Nordpazifisches Becken
Kalifornischer Strom
San Francisco
Sa. Nevada
Mt. Whitney
Los Angeles
San Diego
Phoenix
Colorado
Mt. Elbert
St. Louis
Ohio
Memphis
Arkansas
Missouri
Mississippi
Appalachen
Atlanta
Dallas
Houston
New Orleans
Florida
Kap Hatteras
Golfstrom
Westeuropäisches Becken
Madrid
Lissabon
Gibraltar
Azoren
Azorenschwelle
Madeira
Rabat
Casablanca
Bermuda-In.
Nordamerikanisches Becken
Sargassosee
Mittelatlantischer Rücken
Guadalupe
Niederkalifornien
Rio Grande
Monterrey
Golf von Mexiko
Miami
Bahama-In.
Havanna
Kuba
Hispaniola
Santo Domingo
Große Antillen
Kanarische-In.
El-Aaiún
Kanarenstrom
Hawaii-In.
Honolulu
Nördl. Wendekreis
Kap San Lucas
Revilla-Gigedo-In.
Mexiko-Stadt
Yucatán
Belmopan
Johnston-I.
Nordäquatorialstrom
Guatemala-Stadt
Tegucigalpa
Managua
Karibisches Meer
Kleine Antillen
Nouakchott
Timbuktu
Niger
Kapverden
Kap Verde
Dakar
Bamako
Ouagadougou
Clipperton-I.
Fanningrücken
Linie-In.
Panamá
Maracaibo
Caracas
Trinidad
Conakry
Oberguineaschwelle
Äquatorialer Gegenstrom
Kokos-I.
Medellín
Llanos
Georgetown
Paramaribo
Cayenne
Bergland von Guayana
Yamoussoukro
Abidjan
Accra
Kiritimati
Äquator
Bogotá
Südäquatorialstrom
São Paulo
Guineastrom
Jarvis-I.
Galápagos-In.
Quito
Guayaquil
Rio Negro
Manaus
Belém
Amazonas
Fortaleza
Malden-I.
Marquesas-In.
Madeira
Fernando de Noronha
Recife
Ascension
Manihiki-In.
Humboldt- oder Perustrom
Callao
Lima
Brasilianisches Bergland
Brasília
São Francisco
Salvador
Mato Grosso
Goiânia
La Paz
Titicacasee
Sucre
Belo Horizonte
St. Helena
Cookinseln
Samoa-In.
Bora Bora
Tahiti
Tuamotu-In.
Gesellschafts-In.
Niue
Ostpazifischer Rücken
Gran Chaco
Paraguay
Paraná
Asunción
Rio de Janeiro
Brasilianisches Becken
Trindade
Südl. Wendekreis
San Félix
San Ambrosio
Curitiba
Brasilstrom
Tubuai-In.
Gambier-In.
Pitcairn-In.
Sala y Gómez
Oster-I.
Marotiri-In.
Pôrto Alegre
Córdoba
Aconcagua
Rio-Grande-Schwelle
Juan-Fernández-In.
Santiago
Tupungato
Montevideo
Buenos Aires
Rio de la Plata
Pampa
Kap San Antonio
Tristan da Cunha
Gough-I.
Südpazifisches Becken
Atacama
Kordilleren
Patagonien
Argentinisches Becken
Falklandstrom
Westwindtrift
Falkland-In.
Südgeorgien
Feuerland
Kap Hoorn
Süd-Sandwich-In.
Drakestrasse
Elephant-In.
Süd-Shetland-In.
Süd-Orkney-In.
Pazifisches Südpolarbecken
Palmerarch.
Bellingshausensee
Adelaide-I.
Antarktische Halbinsel
Weddellmeer
Peter-I.-I.
Alexander-I.
Amundsensee
Ellsworthland
Coatsland
Prinzessin-Martha-Küste
Marie-Byrd-Land
Vinsonmassiv
5140
Ronne-Schelfeis
Filchner-Schelfeis
Berkner-I.
160°
140°
120°
100°
80°
60°
40°
20°